文春文庫

大盛り！ さだおの丸かじり

とりあえず麵で

東海林さだお

文藝春秋

大盛り！
さだおの丸かじり
とりあえず麺で

目次

ラーメン賛歌

麺類矢も楯属サンダル科小走り目飛び込み綱 14
その誠実は誰のため? 21
名店の作法 28
和歌山ラーメン出現す 35
具を愚考してみた 41
店主のパフォーマンス観察記　その一 47
店主のパフォーマンス観察記　その二 53
店主のパフォーマンス観察記　その三 59
「ライス」の一言が出てこない 65
カレーラーメンはなぜないのか 71
あった!　カレーラーメン一本の店 77

ひきこもりラーメン 83
明るくのびのび一八〇円 89
普通でいいじゃない 95
やめられない！　深夜のスープ作り 101
〝ドーダ〟化するチャーシューメン男 107
「土佐っ子」ラーメン恐るべし 113
ラーメン食べ放題？ 119
担々麺における液状化現象 125

隠せないタンメン愛

メリもハリもないけれど 132
名もなき野菜、名もなき肉片 139
悲劇の全身タンメン人間 145

冷やし中華を科学する

「始めました」に見る無気力 152
冷やした人は誰なんだ？ 158
全国民に告ぐ！ ツユダボという新発見 165
熱くして何が悪い！ 171

麺と日本人

わが敵アルデンテ 178
ン？ チョコ焼きそば？ 184
外食でインスタントラーメン 190
カップ麺の言い訳 196
チキンラーメン四十五年史 203
大実験は大失敗 209

B級の覇者ソース焼きそば 216
ビーフンと日本人 222

ソーメン七変化

なぜ虚しい、なぜ苦しい 230
チキンコンソメに醬油を一滴 237
いつ嚙むか問題 243
悪い男たちに騙されて 249
味噌をまぶす？　不安しかない 255
ストローで吸ってみた!! 261
ワーイ！　家で回せる「ソーメン太郎」 267
京の川床で流しソーメン 274

鍋焼きうどんに至る病

あつあつ案件報告書　282
まず、風邪を引くべし　288
うどん屋で絶体絶命　295

そば・うどんの王道をゆく

中央線沿線駅前某店☆☆　302
決断の立ち食いそば　309
コロッケそばの流儀　315
ちくわ天は「橋渡し」でこそ　321
復讐の蕎麦入りうどん　327
キャベツくらいで驚いてはいけない　333
持ち上がらない！　ぶっというどん　339

上司との昼めしに、焦る鴨南 345
いつ手を懸ける？ 月見うどんの名月 351
蕎麦のズルズル 357
カツカレーうどんのカツカツ 363
力うどんのチカラ 369
きつねそばと稲荷ずし 375
しなる！ アルミ鍋の発展形 381
おでんにトンカツ変わり蕎麦 388
〝醤油かけうどん〟に凝っている 395
蕎麦屋で絶体絶命 402
関西関東どっちがうまい？ 409
うどんすきはスポーツだ 416
ヌーハラ対策「音彦」の謎 423
これがしあわせ、暮れに打つウドン 429

大盛り！　解説編

沢野ひとし　438
高島俊男　445
小宮山雄飛　458
平野レミ　467
米原万里　472

大盛り！　さだおの丸かじり

とりあえず麺で

本書は、「週刊朝日」連載「あれも食いたいこれも食いたい」を文庫化した「丸かじり」シリーズ、『タコの丸かじり』（一九九四年八月刊）から『パンダの丸かじり』（二〇二三年四月刊）まで、計四十三巻から抜粋した傑作選です。

本文デザイン　中川真吾
DTP制作　エヴリ・シンク

ラーメン賛歌

麺類矢も楯属サンダル科小走り目飛び込み綱

いままでずーっと不思議に思っていながら、いまだに解決しないナゾがある。

それはラーメンに関するナゾである。

ラーメンの訴求力に関する人間の理性の葛藤に関するナゾである。

なんて、ものものしい書き出しになってしまったが、早い話が、ホラ、雑誌なんかで〝ラーメン特集〟などというものをよくやってますね。

カラーグラビアで、名店のラーメンが、アップの大写しでズラリと並んでいる。

ラーメン丼のふちギリギリまで張られた醬油味のスープ。そのスープの中に、漂うがごとく、ひそむがごとく見えかくれしている細打ちのちぢれ麺。周辺に脂の層を一筋走らせた厚切りの焼き豚。醬油色に染まって行儀よく並べられたメンマが五本、おや、はじのほうにはぐれメンマがもう一本。いまのせたばかりらしい海苔が周辺から湿り始めている。

所を選ばず出没する刻みネギたち。

スープの上にキラキラと漂うメダカのコンタクトレンズのような無数の脂。

立ち昇る湯気には梘水《かんすい》の匂いさえ感じられる。

こういう写真にじっと見入っていると、急に、

(こうしてはいられぬ)

という気持ちになる。

矢も楯もたまらぬ、という気持ちになってパタンと雑誌を閉じ、もはや一刻の猶予《ゆうよ》もならぬ、と、サンダル突っかけて小走りに走って近くのラーメン屋に飛びこんで行きたくなる。

ラーメンは、数ある麺類の中でも、そういう意味では特別の存在で、学術的には、麺**類**矢も楯**属**サンダル**科**小走り**目**飛びこみ**綱**として分類されている。

同じ麺類でも、たとえば天ぷらそばにはこういう訴求力はない。

おかめうどんにもないだろう。

おかめうどんが急に食べたくなって、サンダル突っかけて走って行く、ということはまずない。

ラーメンほどではないが、天丼やカツ丼には、多少、こうしたサンダル現象はある。

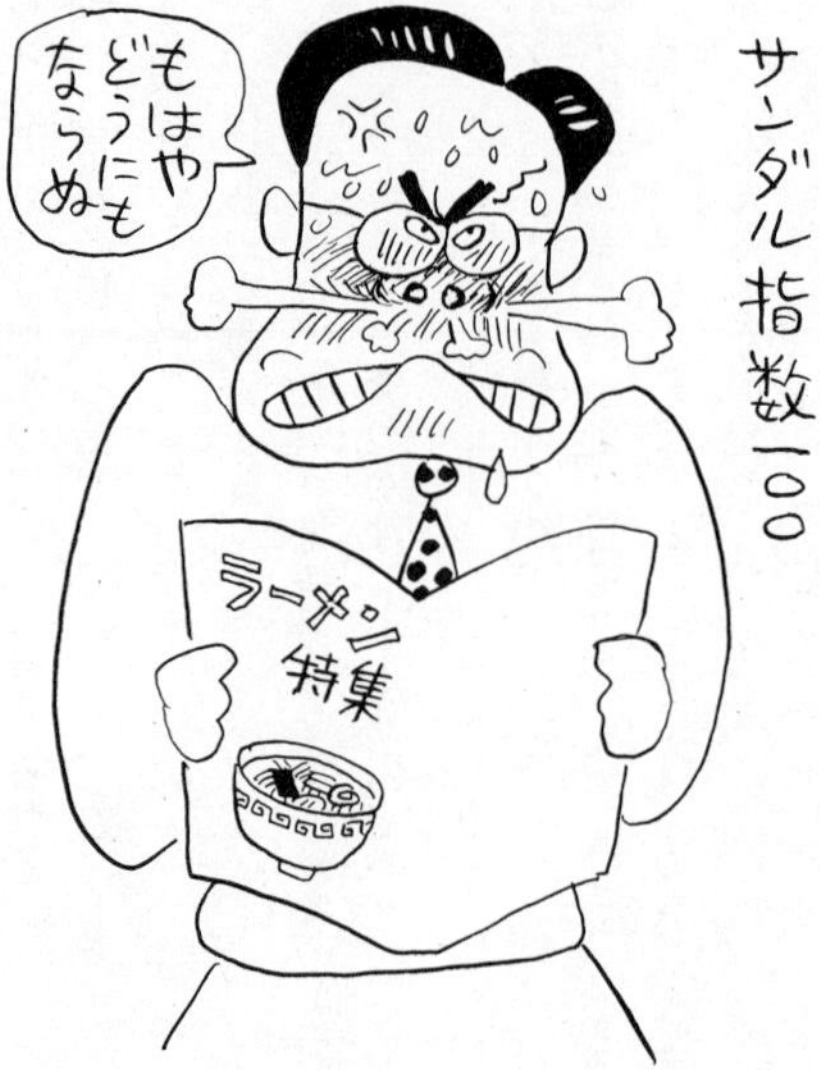

おいしそうに揚がったエビ天のコロモに、醬油色のツユがにじんで、いかにも熱そうなゴハンの上にのっかっている写真を見たりすると、思わずサンダルに足が向かう。
寿司にもいくぶんそういうところはあるが、サンダル指数はそれほど高くない。
ラーメンだけが持つ、あの偉大な訴求力は一体何であろうか。
まず考えられるのは、われわれ日本人が持つ、ラーメンに関する情報と経験の豊かさである。われわれ日本人は、子供のころからラーメンを食べ、その裏も表も知りつくしている。

雑誌のラーメン特集には、名店のラーメンがズラリと並んでいるが、これを外人の目から見れば、どれもこれも同じようなただの茶色い食べ物で、どこがどう違うのか理解に苦しむにちがいない。

上にのっているメンマも焼き豚も、ただの〝茶色い切りくず〟ぐらいにしか見えないにちがいない。

ところが日本人は、ただの茶色の集団の中から、微細な違いを見つけ出すのだ。見つけ出して、ため息なんかついたりしているのだ。

たとえばメンマ。

写真を見て、「この店のメンマは、わりに筋っぽくて硬そうだ」とか、「こっちのは、わりにしなやかな煮あがりだ」と、その味わいから歯ざわりまで言い当てることができる。

一本のメンマに目をとめ、

「うん、このメンマの、この節《ふし》のところね。タテに走っていた繊維が、急にボツボツになるここんとこ。ここんとこばっか多い店ってあるんだよね」

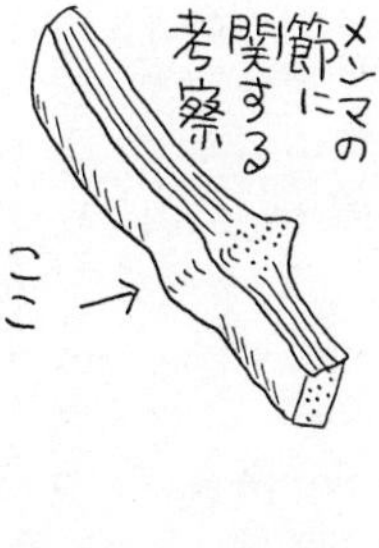

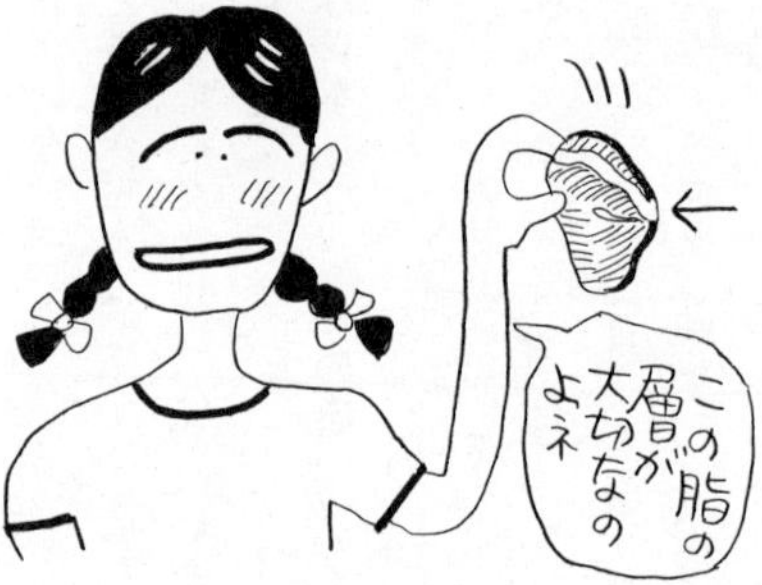

と、スルドイ指摘をする中学生さえいる。

「この焼き豚はモモ肉らしいけど、ぼくはこれ好きじゃない。かと言って、脂ばっかの三枚肉もいやだな。フチのところに一層だけ脂の層が走っている肩ロースのほうが一層好きだな」

と、専門的な意見を述べる小学生もいる。

「この麺は、平打ちちぢれ麺だから、スープがよくからむという点では秀逸だが、どうもウドンぽくっていけない。やはりこっちの細打ち麺のかたゆでが一番だな」

とのたまう幼稚園児もいる。（いないか）

と言ったように、日本人は、ことラーメンに関しては、子供のときから学習につぐ学習をかさねてきている。

ラーメンの写真を見れば、自動的にその写真の丼に手がいき、丼を持ちあげ、スープをすすっている。

そのときの手の熱さ、すすりこんだスープの熱さ、スープの香り、押しよせてくるネギの様子、梘水の香り、飲みこんだスープのノドの奥への衝突感、むせぐあい、そうしたものまで手にとるようにわかる。

ラーメンの写真を見ていて、食べる手順さえ考えてしまう。

「スープを一口飲んだら、そうだな、この焼き豚を右側に寄せて、そこのところの麺をほじり出して、ハシでスッスッと持ちあげ、それを口のところに持っていって少しフーフー吹き、それから力強くズッとすすりこみ、さらにズズズッと力強くすすりこんで、そして……」

こうなってはどうにもならない。

「こうしてはいられぬ」

という気持ちになって、ふと気がつくとサンダルをはいて宙を飛んでいたりする。人間の理性なんて他愛ないものだ。

こうした日本人の、〝ラーメンにおけるサンダル現象〟は、たび重なる学習の成果だけであろうか。

そうではない。

ラーメンは時間の禁忌から解放されている、という点も見過ごすことはできない。ラーメンはスナックであるから、どんな時間帯でも食べることができる。午後の四時でも食べようと思えば食べられる。

しかし同じサンダル科に属する天丼、カツ丼は、午後の四時にサンダル現象が起きたとしても、夕食のことを考えればついその気持ちが抑制される。

つまり、発情期が、おのずと限定されているのである。

そこへいくとラーメンは、のべつまくなしである。発情いつでもOK、しかもラーメン屋は、至るところにあるから、いつでも発情した人間を解決の方向に向かわせてくれる。

トンカツ屋、天ぷら屋は数がきわめて少ない。

発情してサンダルで駆け出したとしても、いっこうに店が見つからず、ヘトヘトになる可能性もある。

ようやく店が見つかったとしても、「本日休業」という可能性もある。

（『ナマズの丸かじり』所収「ラーメンのサンダル現象」）

その誠実は誰のため？

土曜日の午後、ラーメンのメッカ荻窪に出かけて行ったら、どの名店も長蛇の列であった。

土、日の午後は、いつもこうなのであった。

うかつであった。

行列の人数を数えてみると、「丸福」十二名、「春木屋」十七名。ちなみに「突然バカうま」の「佐久信」は、行列ゼロ、店内の客一名であった。

さあ、こうなると、急にどうしていいかわからない。

ラーメン一筋、ラーメン命、の思いで荻窪までやってきただけに、急に、カレーとかカツ丼とかへの転換がきかない。

ぼくはもともと、臨機応変の才がないほうなので、頭の中がいっぺんにまっ白になり、次にウニ色になって、次にウニそのものとなった。

十メートルほど前進したり、五十メートルほどバックしたり、急発進して横町に飛びこんだり、猛スピードで百メートルほど歩いたりしているうちに、不意に一軒のラーメン屋の前に出た。

ごくふつうのラーメン屋である。

山本益博氏は「うまいラーメン屋の見分け方」として次のような点をあげておられる。

一、ビルに入っていない店。

二、表にサンプルがない店。

三、夫婦など、家族だけでやっている店。

四、店主が一人できりもりできる小体な店。

五、清潔感が漂っている店。

この店は、一、二をクリアしている。

ラーメンの達人になると、ノレンの揺れぐあいを見て、「ウム、ノレンの揺れ方に、力がない。ノレンが自信なさそうに揺れている。したがってまずい」

などと喝破できるそうだが、不幸にしてこの日は風がなく、この店のノレンは少しも揺れてない。したがって見分けることができない。

ノレンを分けて中に入る。

入り口にテーブルが一つ。あとはカウンターのみ。

まず店主が「いらっしゃい」と言い、続いてその横に立っていたおかみさんが「いらっしゃい」と大きな声で言った。

店主の横に立っていたのは確かにおかみさんか？　と言われると、戸籍謄本を取って調べてみたわけではないので自信はないが、多分そうだと思う。

これで三、四もクリアしたことになる。

店主は誠実そうな人だ。第一、目が小さい。目の小さい人は誠実そうに見える。目の大きい人は、なぜか誠実そうに見えないものだ。

小さい目は誠実目と言って、人相界では珍重されるいい目で、別名まじ目とも言われている。目は小さいが顔全体は福相で耳が大きい。

「ラーメン屋のおやじの顔も、ラーメンの味のうち」

という名言があるが、こういうおやじのつくるラーメンは旨いはずだ。

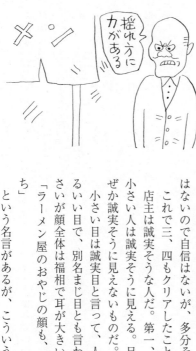

しかも「いらっしゃい」のときの声が大きく、発音も明瞭で、声にツヤがある。

「ラーメン屋のおやじの声も味のうち」

という名言はないが、ま、声にツヤがあるのは元気な証拠だ。いいことだ。

調理場にはってあるステンレスのほうにはツヤがないが、これは磨きに磨いた結果であろう。カウンターも清潔だ。

これで五もクリアしたことになり、すべての点で合格ということになった。

ぼくはすっかり安心してラーメンを注文し、店そなえつけの報知新聞を取りあげ、〝琴錦問題〟の検討に入った。

店主は例の誠実目でもって、麵のゆであがりぐあいをじっと見つめている。

琴錦問題の見きわめがついたころ、

「おまちどおさん」

と、ツヤのある声と共にラーメンが差し出された。

受けとって、ま上から見ると、ウーム、なんだかスープの色がうすい。塩ラーメンと見まがうほど色がうすい。

そうか。なるほど、いわゆる自己主張のあるラーメンてやつだな。おぬし、なかなかやるな、と、一口すすってみると味がうすい。きわめてうすい。

しかも生姜《しょうが》の味がする。しかし、生姜の味とは弱ったな、と、麵を一口すすってみる。

麺の表面がぬるぬるしている。

麺をゆでるお湯を取り替えない店にありがちな〝症状〟である。

スープに、なんのダシの味もしない。

しかも塩気がうすくて、そのうえ生姜味ときている。

スープ表面の脂に透明感がなく、ぼってりしていて、しかも脂の粒が大きい。

メンマにいこう。

これがまたいやに黄色いメンマで、長さが不揃いで、全員中途からナナメに切られたクサビ形をしている。

ウェッジ・タイプというのかしら。

　噛みしめると、これまた味がうすく、スジが硬くて歯にはさまる。

ノリにいこう。

ふつう、ラーメンのノリは、「わたしらノリは、もともと水分に弱くて」と、ぐったりしているものだが、この店のノリは逆境に強いらしく、全域がピンと張りつめ、緊張感に満ちあふれている。

チャーシューにいこう。

これはわりにまともだった。

なんだかがっかりするほどまともだった。決して旨くはないが、平均的なラーメン屋の平均的なチャーシューであった。

しかし正直言って、全体を貫く生姜の味には参りました。

全体を貫くうす味にも参りました。

とは言っても、こうまでまずいと、かえってなんだかすがすがしいような気さえしてきましたね。

チャーシューがまともだ

ったのが、かえって残念に思えたくらいだ。

こうなったらむしろ、パーフェクトでありたかった。

しかし、店主の、あの〝誠実〟は一体なんだったのだろう。至誠天に通ず、というくらいだから、あの誠実をもってしたら、おいしいラーメンぐらい、いとも簡単なはずではないか。

結論を急ごう。

そうなのであった。

あの誠実は、すべて原価のきりつめに向けられていたのであった。

店主は、誠実に原価をきりつめていたのだ。切りくずのようなメンマも、スープの醬油の節約も、お湯を替えないのも、そう考えるとすべて納得がいく。

そのまずいラーメンを、まずい、ひどい、と言いながら、結局、スープの最後の一滴まで飲みほしてしまった自分が情けない。

（『タクアンの丸かじり』所収「ラーメンの誠実」）

名店の作法

おせちなどの正月料理に飽きたとき、まっ先に食べたくなるものは何か。

「カレーライス！」

と勢いよく手を挙げる人は多いだろう。甘ったるいおせち料理が続いたあとのカレーライスは旨い。

正月の　カレーライスの　旨さかな
という名句がある。（ぼくがつくったんだけどね）

「カツ丼！」

と叫ぶ人もいるだろう。

平べったく冷たい重箱料理ばかり相手にしていると、丼物の、熱く重く丸っこい手ざわりが懐かしく思えてくる。

「ラーメン！」

と、汁物を渇望する人も多い。

ぼくの場合もラーメンであった。

ラーメンというものは〝ラーメン〟と、頭に浮かんでしまったら最後、もうどうにもならなくなる食べ物である。

油滴の浮いた熱いスープ、白っぽい脂肪をフチにつけた焼き豚、醬油色のシナチク、シコシコとちぢれてカン水の匂いの立った黄色い麵……。

矢も楯もたまらない、という気持ちになる。〝矢も楯ランク第一位〟というくらい〝矢も楯指数〟の高い食べ物である。ましておせち料理が続いたあとのラーメンであるから、体全体がラーメンを渇仰している。特に、〝ノドがお呼び〟という状態になる。

こうなったらラーメン屋に行くよりほかはない。

目ざすはラーメンのメッカ荻窪である。メッカの中心「丸福」である。

「丸福」は、某食味評論家が、東京で一番、という折り紙をつけたラーメンの名店中の名店である。

荻窪はどういうふうにラーメンのメッカかというと、荻窪駅前青梅街道ぞいに、「丸福」「佐久信」「春木屋」と並び、その他「漢珍亭」「三ちゃん」「丸信」と、知る人ぞ知る名だたる名店が駅の周辺に目白押しなのだ。

「丸福」は名店ではあるが、難点は行列にある。行列に参加することなく、この店のラーメンを食べることは不可能である。一日中、行列がこの店を取りまいている。

もう一つの難点は、店内の緊張である。緊張なくしてこの店のラーメンを味わうことは不可能である。名店というものは、どこでも多少の緊張を伴うものであるが、なかでも「丸福」の緊張度は高い。

「丸福」には五年前の夏に一度行ったことがあるのだが、あのときはまいった。

すっかりあがってしまったのである。

店内寂《せき》として声なく、湯のたぎる音とラーメンをすする音だけが聞こえてくるという、まさに道場というにふさわしい雰囲気であった。

L字型のカウンターに客が九人、カウンターの中に三人、六畳一間ぐらいの狭い店内に合計十二人の人々がひしめいているのに、一切の私語は聞かれない。「私語を禁ず」という貼《は》り紙があるわけではないが、もし誰かが私語を発すれば「シーッ」という叱責が飛んできそうな、まるで名曲喫茶のようなラーメン屋なのである。

無言で腕組みして天井を睨《にら》む者、たぎる湯を思いつめたような目で見つめる者、瞑想して深くため息をつく者、いずれもその道を究《きわ》めた麵道七段、麵道八段といった猛者《もさ》ばかり、麵を待つ構えにスキなく、麵をすする姿勢に永年の修業のあとが見られる。

ラーメンなんてものは「ラーメンでも食うかぁ」という、「外食系、気楽目《もく》、でも科、廉価属」に属する気楽な食い物だと思っていたぼくは、この店で、ラーメンに対する思いを大いに改めたのであった。

五年後、修業を積んだぼくは、〝ノドがお呼び〟の人となって「丸福」に馳せ参じたのであった。あれから五年経《た》っているから麵道五段ぐらいになっているかもしれない。

麵を待つ構えにも、スキがなくなっているにちがいない。「丸福」の行列に参列して、自分の順番を数えてみると前から十三番目である。

急に不安になった。

何か不幸なことが起こるのではないか。

しかし、寒風に吹きさらされてクシャミが一つ出た以外は、大した不幸は起こらず、行列は順調に消化されていった。

この店のシステムは、店から一人客が出ると行列から一人店内に入る、という簡にして要を得た方式である。

すなわち、二人出れば二人入る。ということは、例えば親子の二人づれが行列の先頭で待っていて、店から一人だけ出てきた場合、哀れ親子はチリヂリバラバラ、店の外と中とに生き別れ、というムゴイ仕打ちを受けることになる。

一月の、吹きさらしの行列は寒い。みんなマフラーにアゴをうずめ、足ぶみしてひたすら順番を待つ。

夕方の四時三十一分に並んで、十三番目のぼくが店内に入ったのは、二十三分後の四時五十四分であった。

この店は、ラーメンに煮卵を加えた「玉子そば」（四百七十円）が有名である。客の半数以上が玉子そばを注文するという。座席を確保して、「玉子そば」と注文する。五年前と同じく、店内は〝麺道者《もの》〟であふれていた。

玉子そばばかりでなく、むろんラーメンもある。しかしこの店ではラーメンとはいわず「中華そば」というのである。貼り紙にそう書いてある。

新たに入ってきた客が、すわるなり「ラーメン」と注文した。この客は、麺道者にいっせいに、「このドシロートが！」という目で睨まれたことはいうまでもない。

玉子そばは、焼き豚二枚、細めのシナチク、モヤシ、煮卵、中細まっすぐ麺、スープ油滴多数、という構成になっている。

これに煮卵を煮た汁（ヒキ肉入り）をチョッピリかける。

この煮卵汁に、ほんの少し中華系の香料の味がし、これがここのラーメンの（じゃなかった）中華そばの特色になっているようだ。

焼き豚が旨い。

スープはどちらかというとやや濃厚系。

東京一といわれるだけあって、むろんおいしいラーメンである。（じゃなかった）中華そばである。（どこが違うん

だ）

しかし、ぼくにはこれが東京一かどうかはよくわからない。

ラーメンは、「おいしいラーメン」と「おいしくないラーメン」に大別すればそれで十分だと思う。「おいしいラーメン」のほうを、さらに細分化して評価することはできないような気がする。あとは各自の好みの問題になるのではないだろうか。

それにしても、この店にきて、「モヤシ入れないで」と注文をつける剛の者もいたし、スープをほとんど飲まない痴《し》れ者《もの》もいたし、おやじさんは「ありがとうございました」をいうようになったし、この五年間で、この店にも民主化の波は押しよせているようだ。

（『キャベツの丸かじり』所収「ラーメンの名店」）

和歌山ラーメン出現す

和歌山県はカレーで有名だが、和歌山のラーメンもまた有名なのである。

ということ知ってました？

ぼくはつい最近、ラーメン通の友人に教えてもらってそのことを知ったのだが、和歌山ラーメンはもう二年も前から少しずつ騒がれていたのだそうだ。まったく、いまやラーメン界は、次から次へと御当地ラーメンが登場してくる。

札幌ラーメンから始まって、釧路ラーメン、旭川ラーメン、山形ラーメン、喜多方ラーメン、佐野ラーメン、尾道ラーメン、熊本ラーメン、博多ラーメン、鹿児島ラーメンときて、いま和歌山ラーメンの登場というわけだ。

名乗ったもん勝ち的状況にあるといっていい。これからも、どんなラーメンが名乗りをあげるかわかったものではない。八王子ラーメンとか、北区三丁目ラーメンとか、そ

ういうラーメンも登場するかもしれない。

ラーメン界の権威筋は、和歌山ラーメンがこれからブームになることを予言している。

和歌山ラーメンとはどんなラーメンなのか。

その前にわれわれは、ラーメン界の現況を知っておく必要がある。

いまラーメン界は、九州系トンコツラーメンが大きな力を持ちつつある。

東京系醤油色ラーメンと九州系白色ラーメンの二大勢力時代といっていい。

九州系というくくりは大ざっ

ぱに過ぎるが、ま、話を複雑にしないために、九州系は白色トンコツ系ということにさせてください。

トンコツ系はトンコツを骨が溶けるまで十時間以上煮る。従ってスープは白く濁ってドロドロになる。

九州一のドロドロを誇る「八っちゃん」は、トンコツを十四、五時間煮るため、コブシ大の骨がパチンコ玉大になってしまうそうだ。

ただ、ドロドロ系のスープはギトギトかというと一概にそうともいえない。ドロドロだがギトギトではない〝トンコツドロドロ系ノンギト派〟というのもあるし、〝トンコツドロドロ系背脂チャッチャ超ギト派〟というのもある。

前置きが長くなったが、和歌山ラーメンというのは、この九州系白色ラーメンと、東京系醤油色ラーメンを合体させたものであるらしい。

いまはやりの合併ですね。

東京九州合併ラーメン。

と、言われてもこれだけではよくわからん。

とにかく行って食べてみましょう。

「まっち棒」という変わった名前の店が和歌山ラーメンの店だ。

数年前までは、東京で唯一の和歌山ラーメンの店だったというが、いまは数軒あるら

これが和歌山の流儀だ
若い女性客が多かった
早ずし

しい。

東急新玉川線池尻大橋駅のすぐ近く、大きなマンションの一階、入り口の間口がドア一枚の広さという小さな店。

さすがにブームの店らしく、夕方六時過ぎに行くと、すでに八名の行列。

中をのぞくとカウンターに八名、テーブル席に四名という構成。

二十分並んでようやく入店。

六分待って和歌山ラーメン登場。

おおっ、丼が小さい。ふつうの丼の八掛けぐらい。

おおっ、丼の下に皿が敷いてある。

あんまり意味がないように思えるが、これが和歌山ラーメンの流儀なのかもしれない。

おおっ、色が濃い。この色はどう見ても醤油系の色ではなく味噌汁の色だ。

味噌汁の中に麺とメンマとチャーシューが入っていると思ってください。

おおっ、フチが赤色のカマボコが一切れ。これも和歌山の流儀にちがいない。この店の店主は和歌山出身で、和歌山城周辺のラーメン店の味を東京で再現したのだという。

ではスープを一口。レンゲで一口。

おおっ、醤油になる前の半味噌状態の味噌風の風味がまず鼻と口に。

味は濃い。トンコツとトリガラと和風ダシ系がうまくミックスされた味だ。表面に脂が膜状になって浮いているが、これは背脂チャッチャ系の脂ではなく、しつこさのない脂。

麺は細め。ストレート。柔らかめ。

もともと硬く茹であげる麺を、柔らかめに茹でたという歯ざわり。麺をすくいあげると、ドロリとしたスープが麺によくからむ。九州系ラーメン特有のケモノくささもほんの少しただよう。

ドロリ度はかなり高い。丼に口をつけて飲むより、レンゲですくって飲むほうが似合うスープ。ポタージュスープを飲むような感覚ですね。
チャーシューはバラ肉タイプでとても柔らかくておいしいが味は濃い。メンマは特に変わったところはない。
九州系ラーメンと東京ラーメンの合併だが、資本比率は七対三ぐらい、という印象をうけた。
東京ラーメンも、最近は濃厚ギトギト系が幅をきかしているので、そういう点を加味して考えると、六対四かな、という印象もうけた。

この店には和歌山直送の「早ずし」というメニューがあり、これは鯖の押し寿司風のもので一個一五〇円。（冬のみ）

そしてですね、この早ずしが、「スープとの相性ばつぐん」なので「ぜひごいっしょに」という貼り紙がしてある。つまり、ラーメンを食べながら鯖ずしを食べることを勧めているのだ。

勧められるままにそのようにしてみたら、確かにそれぞれはおいしいのだが、「相性ばつぐん」はいかがなものか。しかし、喜多方ではラーメンといっしょにタクアンを食べるし、そういう意味ではこれも和歌山の流儀なのかもしれない。

（『タヌキの丸かじり』所収「和歌山ラーメン出現」）

具を愚考してみた

もしもです。

突然日本が王様の時代になったとします。

王様というのはグリムとかアンデルセンとか、そういう話の中に出てくる王様です。

王様というのは、ホラ、みんな気まぐれで我がままということになっていますよね。

だからある日突然こんなことを言い出します。

「ラーメンの具は一つでなければいかんがね。二種類とか三種類とかをのせたラーメン屋は火あぶりなんだわ」

なぜ王様が名古屋弁かというと、王様は、ホラ、気まぐれで我がままでヒマだから、

「きょうは名古屋弁を使ってみたいんだわ」

なんて言い出したんですね。

ラーメンが好きな王様なのであった
これナルトね

さあ大変なことになりました。

これまでは誰もがラーメンといえば、もう当然のように麺の上にチャーシューとメンマと海苔と煮卵の輪切りがのったものを頭に浮かべたものなのに、これからはそれが一つになった。二つのせたら火あぶりだというんだから日本中が大騒ぎになりました。

「ただし」

と慈悲深い王様は言います。

「そのどれか一つは客の選択にまかせるんだわ」

つまり客は自分の好きな具を申請できる。

「わたしはチャーシューなんだ

わ」

とか、

「わたしはメンマなんだわ」

というふうに。

さあ、あなたはどの具を選びますか。

話を簡単にするためにこうしましょう。

チャーシューかメンマかのどっちかということにしましょう。

なにしろ火あぶりがかかっているから必死の選択ということになります。

ぼくですか。

若いころだったら迷うことなくチャーシューです。

しかも大きくて部厚くて脂身んとこもいっぱい付いてるチャーシューをできたら五枚、なんて言ったと思うんですがいまはメンマです。

ほんとにいいのかメンマで、と言われても静かに、メンマです、といまは言えます。

話はちょっと変わりますが、ぼくの仕事場のある西荻窪の駅のすぐ近くにラーメンの名店「はつね」があります。

ここのラーメンは古き良き東京ラーメンの典型のような、醬油系の美しく澄んだスープのラーメンで、ま、東京でいったらナンバーワンだがねー、なんて思っているのだが、まっこと残念なことにここのラーメンにはメンマがのっていない。

なんとなくのってないのではなく「ウチはのせないよ」というふうにのってない。

ぼくはいつもここでラーメンを食べながら、もし、ここに一本でもメンマがのってたら、と、残念で残念で、もひとつ残念でたまらないのです。

王様に話を戻します。

またある日、王様は突然こんなことを言い出します。

「ラーメンの具を制限するのはもう飽きたから、そうだ、こんどは増やすほうでいこう」

いまラーメンの具といえば、チャーシュー、メンマ、海苔、煮卵、あとモヤシ、ほうれん草、ナルトといったところだが、そこへ更にもう一品増やしたいと言い出したのです。

「ただし」

と王様は言います。

「その一品はチャーシューとメンマのように、将来ラーメンの具として確固とした地位で定着するものでなければいかんがね。もしそうじゃないものを提案したものは火あぶりなんだわ」

さあ、また大変なことになりました。

もう一品増やす、しかも万人が、ウンそれなら、と納得するもの。

さあ、何でしょう。

これまでラーメンの具が定着していった歴史をたどってみると、いまから五十年ぐらい前、ぼくが学生時代のラーメンには海苔がのってなかった。煮卵ものってなかった。ナルトは必ずといっていいほどのっていた。ほうれん草ものっていた。

五十年の歴史の中でナルトが消え、ほうれん草が消え、海苔と煮卵が新たに登場して定着した。

チクワの磯辺揚げはどうか
ドーン
ぼくはOK！

次の五十年の歴史に耐えうる新しい一品。何だろう。ようく考えて提案しないとアブナイですよ、火あぶりですからね。

「エ？　木くらげ？　平凡。火あぶり」

「錦糸卵？　ありきたり。火あぶり」

「麩？　うーん、ちょっとひかれるけど……やっぱり火あぶり」

「エ？　生麩のほう？　生麩ねえ。生麩のほうだったら軽ーく火あぶり」

こう考えてくるとなかなかむずかしいもんですね。

なにしろ五十年持たせなければならないとなると、

「いっときそういうものがのってたときもあったっけ」

ということになってしまう。

「申しあげます」

「何だ」（王様）

「揚げ玉というのはいかがでしょう」

「オー。たぬき蕎麦とかに入ってるやつね。うん、いっとき背脂チャッチャというのが流行《はや》ったが、あれ式ね。うんいいかもしんない。金銀財宝と三百石をとらす」

ということになるといいんだけど。

（『ゆで卵の丸かじり』所収「ラーメンの具を愚考」）

店主のパフォーマンス観察記　その一

ラーメン屋に行く。

カウンターにすわる。

ラーメンを注文する。

ここから店主の動きが始まる。

始動、という言葉がぴったりの動きで、それまで所在なげにうすぼんやりとテレビを見ていた体にスイッチが入る。

ここから始まる店主の動きの一部始終は、パフォーマンスとして充分鑑賞に値する。

それなのに、せっかくのパフォーマンスにまったく無関心の人が多い。

大抵の人は、店主に「ラーメン」と告げたあと、傍らにあるスポーツ新聞を取り上げたりする。

愛情のある揉み方か
愛情のない揉み方か
この表情から
読みとることができるだろうか

今度、いっぺんじっくりと、わがラーメンが作りあげられていく過程を観察してごらんなさい。

食べ物屋は数あれど、自分の注文した食べ物が製作されていくこまごました全過程を見届けられるのはラーメン屋だけなのだから。

寿司屋にもそういうところはあるが、〝一部始終〟のところがちょっと違う。

寿司屋の場合は用意されている〝部品〟を組み立てる工程が見られるだけだ。

ラーメン屋の場合は、店主が自分一人のために、丼にタレを入れるところから最後に海苔を丼のフチに立てかけるところまで、かぶりつきで、じっくり鑑賞できるのだ。

序盤から中盤へ、そしてメンマが並べられ、チャーシューが静かに置かれていく最終段階のあたりの息詰まるような気持ちの昂ぶり、興奮、熱狂、あなたはそのとき、最初にすわった姿勢から少なくとも十センチはカウンターに身を乗り出している自分に気づくことになる。

六五〇円のラーメンだったら、五〇円はパフォーマンス賃なのだ。

店主のパフォーマンスは、カウンターにすわった客の「ラーメン！」の声によって開始されるのだが、最近多い食券の店ではこのやりとりがない。

食券の場合は店主が食券をのぞきこむことによって開始される。

どうもこの、最近流行りの食券システムは、どうもこの、面白くないな。寂しい思いがするな。

何がどういけないというわけではないが、ああいうものを機械から受けとって黙ってカウンターに置くと、店主は黙ってそれをのぞきこんで、黙って作り始め、客は黙って出来上がるのを待つというのが侘しいな。

店内に肉声が欲しいな。

客が「ラーメン」と言うことによって客と店主との人間関係が生まれる、というのがいいな。

客が食券をカウンターに置き、店主がそれをのぞきこむことによって生まれる人間関係は嫌だな。だって一応人間関係でしょう、店主と客は。

話がそれてしまった。

肉声のほうで話を進めましょう。

わが肉声によって店主は行動を開始した。

洗って重ねてある丼の中から一個取り出して中に残っているしずくをピッと切って調理台の上に置く。

さあ、店主はわがラーメンの製作に取りかかったのだ。

さあ、どういうふうに作ってくれるのか。

このとき誰もが思うのが、

(オレのラーメン、気合入れて作れよな)

ということである。

(少なくとも手ぇ抜くなよな)

ということである。

だけど、これまで、

（あー、このおやじはいまオレのラーメンを気合入れて作ってくれてるな）

と思ったことは一度もない。

（あー、手ぇ抜いてるな）

と思ったことは毎回だ。

だけど考えてみれば、こっちにとっては大事な一杯だが、店主にとっては一日に何十杯も作るうちの一杯なのだ。

かくしてわが大事な一杯を、店主は面倒くさそうに作り始める。

しずくを切った丼に、タレ用の小さなひしゃくで醬油ダレを気怠そうに入れる。

ここでぼくはいつも（あのひしゃく欲しいな）と思う。

あれを買って別にどうしようというアテはないのだが、ここのところでいつも（あれ、いいな）と思う。

昔だとここで化学調味料を、堂々と、臆することなくひとサジ入れる。

刻みネギも入れる。

刻みネギを最後に入れる店もあるが、最初に入れておいたほうがネギの香りが立つらしい。

そうしていよいよ麺に取りかかる。

箱から麺を一玉取り出して両手でやわやわと揉みほぐす。

このときの店主の揉みほぐす手つきで、彼がラーメンにどのぐらいの愛情を持っているか、持っていないか、それがわかるという説をなす人もいる。

でも、さも大事そうに揉みほぐしてはいるが愛情はない、という店主もいるから気をつけたい。

さて、この揉みほぐした麺をこれから大鍋の湯の中に投入するわけだが、最近はこのまま鍋の中に入れずに振りざるに入れて鍋のフチに吊るすやり方が多くなってきている。

特に名店といわれる店に多い。

あれ、よくないと思うなあ。

ズルだと思うなあ。

あれを見ると急にがっかりする。

ちゃんとやれよ、と思う。

ちゃんとやるというのは、麺をじかに大鍋の中に投入するやり方のことだ。

麺は大鍋の中で、悠々と、のびのびと泳がせてやるべきなのだ。

振りざるだとどういうふうによくないのか。(つづく)

店主のパフォーマンス観察記　その二

ラーメン屋が麺を茹でるとき二つの方式があって、一つは麺をじかに鍋の湯の中に放りこむ、もう一つは振りざるに入れて鍋のフチに引っかける、というところまで前回書いた。

そして、ざる方式はズルである、と書いた。

ざる方式はなぜズルなのか。

ざる方式で茹でると麺はどういうふうに茹だっていくのだろうか。

とにかく窮屈《きゅうくつ》だと思うな。

一種の満員電車状態で身動き一つできない。

みんなじーっとしている。

そのままじーっと熱くなっていく。

おじいさんの入浴ならこれでいいが、これから世の中に出ていこうとしている若い盛りの麺たちにとって、これは明らかに不自然である。

こういう環境で育った若者は性格がゆがむと思うな。

おいしくないと思うな。

見なさい、もう一つの〝鍋じか放りこみ方式〟を。

広々とした湯の中に放りこまれた麺たちは、一斉に散っていってそれぞれのびやかに遊泳し、身をひるがえし、ある箇所では急激な渦となって集団ででんぐり返しをしたりしている。

悠々、のびのび。

自由奔放、全員躍動。

こういうゆとり教育で育った若者はたくましいと思うな。

おいしいと思うな。

ここで突然ではありますが話は鶏に移る。

現在の養鶏は小屋飼いがほとんどである。

狭い鶏舎に押し合いへし合いしながら卵を生む。

一方、放し飼いという方式もある。

こっちは広い地面を勝手に走り回って育てられる。

そしてこっちの鶏の卵は味も格段に良く、値段も高い。

つまり〝鍋じか放りこみ方式〟というのは鶏や牛の放牧と同じなのだ。

広々とした湯の中を麺たちは〝放牧〟する。

もちろん牧舎育ちの連中より放牧の連中のほうがおいしく、これで〝ざる方式〟より〝じか方式〟のほうがおいしいということが証明されたことになる。

〝じか方式〟のほうがいいことはみんな知っているのに、〝ざる方式〟を採用するのは効率のためだ。

手間ひまを惜しんでのことだ。

〝ざる方式〟の店は大抵タイマーを使っていて、タイマーが鳴ったらさっと引き上げれ

ばよい。

一方の〝じか方式〟はいろいろと手間ひまがかかる。

茹であがった麺をあげアミと称する平べったいアミで、金魚すくいの方式ですくい上げる。

中には逃げ回る金魚もいるから追いつめたりする。

客のほうもカウンターからつい身をのり出し、

「あ、あそこにまだ一匹残ってる、あの一匹見逃すかもしれないな、あ、すくい上げた、よかった」

なんて一喜一憂することになる。

もしカウンターに五人の客がいたとすると、五人が店のおやじのこうした一挙手一投足を見つめているわけで、ま、授業参観というんですか、そういう状態にあるわけで、ラーメン屋という商売もあれでけっこうつらいものがあるんでしょうね。

そんなこんなしているうちに、とにもかくにも麺を湯の中から引き上げることになるわけだが、この上げどきがまたいろいろとむずかしい。〝じか方式〟は店のおやじの長年の勘で引き上げるわけだが、〝ざる方式〟はタイマーということになる。

ざる&タイマーの店は最近多くなっていて、店内のあちこちでやたらタイマーがピーピー鳴る。

あれもなんだか嫌だな。

店内でピーピーピー音がするラーメン屋って好きじゃないな。

おやじの勘のほうが好きだな。

あのピーピーというのは、それが鳴るまではラーメンに関心を持たなくていいわけでしょ。

別のことを考えていてもいいわけでしょ。

そこんとこが嫌だな。

ぼくのラーメンを作り始めたからには、作り終わるまでぼくのラーメンのことをずっと思い続けていてほしいな。

良いラーメンになれ、おいしいラーメンになれと思いながら作り続けてほしいな。

最近ようやくわかってきたことなのだが、ラーメン屋にラーメンを食べに行ってぼくが店主に望むことはただ一つ、忠誠心なのだ。

忠誠心ですよ、忠誠心。

こともあろうに忠誠心。

ラーメン屋のおやじに、

「予に誠を尽くせよ」

と望んでいるのだ。

だがおやじは、テレビが気になるらしく、どうやらいまドラマのいいとこらしくてさっきからしきりにテレビに目をやってばかりいる。

考えてみれば、タイマーが鳴るまではヒマなわけで、その間何をしていようといいわけだから、テレビを見ていてもいいのだけれども、その間、ぼくのラーメンから心が離れるのが寂しいな。

もっとも、最初から心が離れている場合というのもありうるな。

どんどん寂しくなっていくな。

じゃあ、おやじの勘ならうまくいくのか。ざる&タイマーではなく、放牧&勘&金魚すくいならうまくいくのか。

というと、これにもまたいろいろと問題があるわけで、たとえば……、おっと待った、それは次回のお楽しみ。（つづく）

店主のパフォーマンス観察記　その三

ラーメンは湯の中の麵の引き上げどきがむずかしい。

茹で過ぎもダメだし、硬過ぎてもいけない。

ラーメン屋のおやじが最も気をつかうところだ。

一玉ずつざるに入れてタイマーにまかせれば簡単だが、鍋にじかに放りこんでおやじの勘に頼るという昔ながらのやり方は、うまくいけばいいが、うまくいかない場合もある。

ラーメン屋歴三十年、性格実直、ラーメンに対する愛情豊富というおやじといえども、客としては安心しているわけにはいかない。

ラーメン屋のおやじというものは、性格実直といえどもテレビを見ながら仕事をする。

ここのところにいろいろ問題がある。

ラーメン屋三十年
性格実直、ラーメンに
対する愛情豊富
この人なら
安心していて
いいのか……というと

大鍋に麺を放りこみ、さっき
タレを入れておいた丼に、大き
なひしゃくでスープを一杯すく
ってあける。

白っぽかったスープがたちま
ち〝ラーメンのスープの色〟に
なる。

そうしておいて、さて、とい
う感じでテレビの画面を見上げ
る。

いまの時期だと大相撲をやっ
ている。

午後の四時ごろだとまだ序盤
で、そこそこの力士とまあまあ
の力士が取り組んでいる。

ちょうどいまが麺の引き上げ
どきというところで、テレビの

画面は、そこそこがまあまあを土俵際に追いつめる。

まあまあが爪先立ちでこらえる、そこそこがぶり寄る、まあまあの背中反り返る、勝負あった、と、おやじがあげアミを手にしたとき、こらえていたまあまあが持ち直して土俵中央に押し返して形勢は五分と五分。

さあ、こうなると性格実直のおやじといえども麺の茹で上がりより勝負が優先する。

かくして麺は茹で過ぎとなり、その麺を、実直だったはずのおやじは別にすまなそうな気配も見せずにあげアミですくい、チャッチャッと湯切りをして丼に入れる。

大きな箸を麺の下側に突っこみ、すくい上げてまん中で折り返すような仕草をしたのち麺の表面をなでる。

麺の形を整えるためらしいのだが、多くの場合、折り返し前とほとんど変化がない。

じゃあ意味がないのかというとそうではなく、あの仕草は「これからお客さんに可愛がってもらうんだよ」と言いきかせているようにも見えてなかなか好もしいシーンだとぼくは思うな。

さあ、わが丼にスープがはられ、麺も入り、愛のなでつけも終わった。

ラーメンの作製は最終段階に立ち至ったのだ。

もうすぐ！　その思いがなんとなく体をモジモジさせ、両手で椅子のフチをつかんでガタガタさせる人もいる。

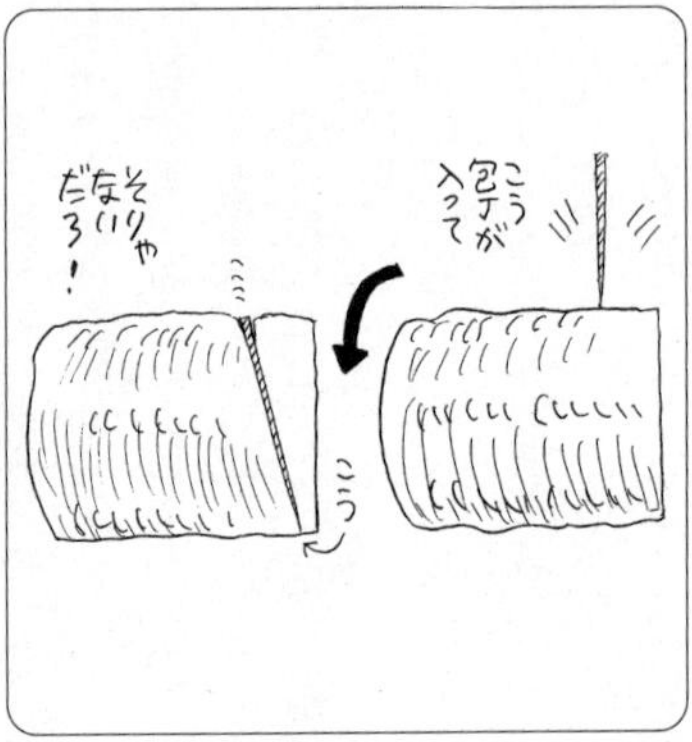

もう箸立てから箸を引き抜いたほうがいいのではないか、いや、早過ぎるのではないか、と迷うのがこの時期だ。

これからチャーシューをのせ、メンマをのせ、海苔を立てかければ完成なのだが、チャーシューはあらかじめ切っておく店と、その都度切る店とがある。

この店はその都度切りである。

おやじ包丁を取り上げる。左手でチャーシューを押さえる。包丁の刃先をチャーシューに当てる。その刃先、端のところから一センチの位置。おう、太っ腹。ふつうはせいぜい五ミリなのに。このおやじ良いおやじ、うん、ラーメンを愛してやまない池袋の大勝軒のおやじに似ている。

と見ていると、チャーシューは端のほうへナナメに切られていって刃先がまな板に着いたときには端から三ミリの位置。

なんておやじだ。とんでもないおやじだ。極悪人。大勝軒取り消し。

極悪人はそのチャーシューを悪びれた様子もなく麺の上にのせる。

次にメンマ。

メンマを大まかに箸ではさんで丼の上へ。

あ、一本落ちた。その落ちたやつ当然拾ってのせるんだろ。あ、拾わない。拾わないでいまは海苔に取りかかってる。そこに落ちてるそのメンマ、おれのメンマなんだよ。ほんとにもう悪行の数々。あ、いまメンマを拾った。なんだ、そうだったのか。あとで拾ってのせるつもりだったのか。このおやじ良いおやじ。大勝軒。あ、拾ったメンマ容器のほうへ戻した。大勝軒再取り消し。

まさに一喜一憂、おやじの一挙一動に、カウンターから伸び上がったり、腰を落としたり、目が三角になったと思ったら急に目尻が下がったり、こんなにも喜怒哀楽がいっぺんにやってくる場面は人生の中でもめったにあるものではない。芝居を観に行っても、こんなにも血湧き肉躍る思いをすることはないのではないか。
おやじにしても、まさか自分がこんなにも観客を感動と落胆の嵐に巻きこんでいるとは知るよしもないことなのだ。
おやじにしてみれば、箸でつかんだメンマが一本か二本落ちるのは毎度のことで、それも勘定に入れて大づかみにつかんでいるわけで、落ちたメンマの所有権がどちらにあるのかなどいちいち考えているわけではないのだ。

チャーシューにしたって、最初のほうを厚く切り過ぎたので後半で加減したに過ぎないのだ。

考えてみれば、チャーシューの厚さで人格を判断するというのはもともと無理がある。

などと、店を出てシーハシーハしつつ反省するのだが、また次に行ったときも同じ経過をたどるのはどうしたことか。

（『メロンの丸かじり』所収「ラーメン屋観察記　その一から三」）

「ライス」の一言が出てこない

世に名高い「ラーメンライス」。

話として聞いたことはある、という人は多いと思うが、実行したことがある、という人は少ないだろう。

ラーメンライスを実行するには何が必要か。

勇気である。

世間の誹謗、中傷、誹《そし》り、蔑《さげす》みを物ともしない猛勇である。

熟慮、猛省の果てに蛮勇をふるってラーメン店に乗り込んだとしても、いざカウンターに座って、

「ラーメンライス」

と声に出すのはかなりの勇気が要る。

ラーメン
と言ったあと
ライス
と言えなくて苦しんでいる人
プルプル

何度かの躊躇《ためら》いののち、

「ラーメン……」

と言ったとしても、そのあとの、

「ライス」

がなかなか出てこない。

黙り込んでしまって、それっきりになってしまって、結局、ラーメンを食べて帰ってくるという結果になる。

「ラーメンとライス」

と、「と」をつけるといくらか言いやすくなるのではないか。

そう思って、

「ラーメンと」

まで言って言いよどみ、

「餃子」

と言ってしまって、結局、ラーメンと餃子を食べて帰ってくる、ということになる。

つまり「ライス」が言いにくいわけだから最初に、

「ライス」

と言ってしまう、というのはどうか。

最初に「ライス」と言ってしまったからには、もうあとには引けない。

あとはもうゆっくりと落ちついて「とラーメン」と言うばかりだ。

そこで最初に、

「ライス」

と言ったとする。

するとラーメン店のオヤジは当然そのあとの言葉を聞こうとして耳をそばだて「ン？」という表情になってこっちを見る。

目と目が合う。

目と目が合ったとたんドギマギして、つい、「レバニラ炒め」と言ってしまう。

勢い余って「とお新香」まで言ってしまう。

店が立て込んでいて、ラーメンだのチャーハンだのライスだのの声が飛びかっているドサクサにまぎれて「ラーメンライス」と言う方法もある。

何しろドサクサであるからいろんな注文が飛びかっていて、まぎれることはまぎれる

がオヤジは聞きとれず、

「エ？　ラーメンと？」

と聞き返され、満座の注目の中で「ライス」と言うことがためらわれ、つい「チャーシューメン」などと口走り、みんなに注目されながらヘンな組み合わせを食べて帰ってくる羽目になる。

よしんば、

「ラーメンライス」

と言うことができたとしよう。

これで全てがうまくいったということにはならない。

ラーメンライスにはここから先にも様々な問題が立ちはだかっている。

ラーメンの丼とライスの入った丼の二つがくる。

この二つの丼を横に並べて食べることになるわけだがどう並べるか。

ゴハンと味噌汁の場合はゴハンが左で味噌汁が右と決まっているがラーメンライスの場合はどう並べるのか。

ふつう考えられるのは、ラーメンを左側に置き、ラーメンを主体にして食べながらときどき右側のゴハンも口にする、という食べ方。

確かにこの方法は食べやすいかもしれないが、日本の食の伝統という立場から考えるとこれは邪道である。

日本に於いてはお米はどこでどう出されても常に主役でなければならない。

お米の顔を立てなければならない。

たとえラーメン店であってもそれは守られなければならない。

日本の故実・礼法を守り、伝え、教示する立場の小笠原家はこのラーメンライスのライスの問題にどう答えるか。

一度、電話でいいから聞いてみる必要があるのではないか（無視されると思うが）。

いっそこうしたらどうだろう。

ライスはカウンターに置かずに左手で持ったきりにする。

そうして右手はラーメン専用とする。

右手で麺をすすりスープを飲む。

ときどき左手に持ったゴハンを食べる。

まてよ、するとスープが問題だな。

左手はライスの丼でふさがっているから右手だけでスープを飲むことになる。

レンゲが出ている店なら問題はないが、レンゲを出さない店だとどうなるか。
右手でラーメンの丼を持ち上げて丼のフチに口をつけてジカにスープを飲むことになる。

ご存知のようにラーメンの丼は重い。そして熱い。
はたしてうまくいくだろうか。

〽右手《めて》に血刀、左手《ゆんで》に手綱
　馬上豊かな美少年

という歌がある。
西南戦争の古戦場である田原坂《たばるざか》を歌った歌である。
ラーメン店に於けるラーメンライスを歌うとこうなる。

〽右手にラーメン丼、左手にめし丼
　カウンターに侘しき貧《ひん》おやじ

このようにラーメンライスにまつわる話題は尽きることがない。
ラーメンライスの最大の問題は次の一言に尽きる。
そうまでして食べる意味があるのかラーメンライス。

（『サクランボの丸かじり』所収「ラーメンライスの祟り」）

カレーラーメンはなぜないのか

カレーラーメンはなぜないのか。

日本の食事情の七不思議の一つと言われて久しい（ような気がする）。

日本にカレーが導入されて以来、その人気はきわめて高い。

日本の食べ物の各界から引っぱりだこだ。

食べ物各界は、カレーの人気にあやかろうとし、その力を借りようとする。

パン界はカレーパンを考案し、麺界はカレーうどん、カレーそばを思いつき、菓子界に至ってはあらゆるカレー味バージョンを創作するようになった。

ポテトチップカレー味、カール、せんべい、エート、あと、たくさんあるはずなのだが、きょうは特別の猛暑で、頭がボーッとして思い出せない。

料理界はピザ、ピラフ、スパゲティなどなど、ようく考えればまだまだあるはずだが、

変わったところではカレー粉入り味噌汁というものまであるのだ。

「そんなネ、ゲテ味を考案するような人はネ、どうせネ、ロクな人じゃないんだよネ」

と言う人は頭《ず》が高い。足が短い。胴が長い。顔がまずい。

このお方をどなたと心得る。かの大食通、山本周五郎先生にあらせられるぞ。

一九九四年の雑誌「サライ」十号に、「カレー粉入り味噌汁」が、周五郎メニューの一つとして紹介されているのだ。

「具はジャガイモに限る」とい

う但し書きがあって、要するにふつうの味噌汁を作ってそこにカレー粉をふりかけるというものだ。

エート、何の話だっけ？

なにしろ本日は、埼玉県で四〇度を記録した猛暑で、エアコンをいくら強にしても部屋がなかなか冷えず、頭がボーッとしておるだの、じゃなかった、おるのだ。

そうであった、カレーラーメンはなぜないのか、という話であった。

カレーラーメンはあることはある。

都内にも、二、三の、カレーラーメンをメニューに加えたラーメン店があることはあるようだ。

「そうなんだヨ、あるんだヨ、カレーラーメンなんて誰でも一応は考えつくんじゃないの」

とかブツブツ言ってるそこの人、じゃ、あんたはラーメン屋でカレーラーメンを食ったことがあるのか？

これまでの人生で、一回でもいいからカレーラーメンを食ったことあんのか？

「いや、そういうとこでは食ったことねーけんども、ホレ、カップラーメンのカレー味ってのけ、あれを食ったことあんだけっども」

と、つぶやきシロー風につぶやいているそこのシロー、ここではカップ麺の話をして

るんじゃないのだ。

ラーメン屋のメニューに、カレーラーメンがないのはなぜかという話をしておるだの、じゃなかった、おるのだ。

ラーメン屋に入って壁のメニューを見ると、

正油ラーメン
味噌ラーメン
塩ラーメン
バターラーメン
カレーラーメン

というふうに、当然のように、そこにカレーラーメンが並んでいるはずなだの、じゃなかった、なのだ。

きょうは暑いので、つい文章ももつれてしまうだの、じゃなかった、しまうのだ。

ねえ、もう、とっくの昔に、ラーメン屋の壁のメニューはそういう表記になっていても少しも不思議はないはずではないですか。

なのに、なぜカレーラーメンは普及しないのか。

「あのね、そういうのを素人の浅はかさっていうの。わたしらはね、トリガラ、トンコツ、煮干し、カツオだし、昆布、そして玉ねぎ、こういったものの微妙な味のバランスに命かけてんの。企業秘密なの。スープが気に入らない日は店休むの。ここから先は撮影禁止ね。あっ、カメラ入っちゃダメだってば」

　ということになって、

「そういう微妙な味のバランスのところに、強烈な個性のカレー粉なんか入れたら、せっかくの苦心がぜーんぶカレー味になっちゃうでしょ。エ？　スープのヒント？　ヒントもダメッ」

　ということなんだろうが、じゃあ、その理論でいったら、カレーうどん、カレーそばはどうなるのけ？

カレーラーメンは
一度食べたことが
あるような気が
する
よく
考えたら
一度もありません

　そばツユは、カツオ節と昆布だけ。

　微妙ということで言ったら、日本そばのツユのほうがもっと微妙でしょうが。

　だけど、カレーうどん、カレーそばは厳然と日本そば屋のメニューにあり、多くの日本人の熱い支持を受けているではかいな、じゃなかった、ないか。

　ウーム、弱った、そろそろ結論を出さねばなるまい。

　なぜカレーラーメンは普及しないのか。

実をいうと、カレーラーメンを出す店を一軒だけ探しあてて食べに行ったら、そこはカレーライスなんかも出す店で、そのカレーライス用のルーをラーメンに流用したものらしく、スープにラーメンスープ独得の味が感じられなかった。

スーパーで買ってきた袋入り生ラーメンに、S&Bの缶入りカレー粉を、コショウを振りかけるように振りかけて食べたら、ラーメンのスープの味と、カレーの味がほどよく溶けあい、これはなかなかいけるものであった。

いける！ というのがわたくしの結論であるが、なぜ普及しないのかは依然としてナゾのまま、この猛暑の一日は暮れたのであった。

（『タケノコの丸かじり』所収「カレーラーメンはなぜないのか」）

あった！　カレーラーメン一本の店

サラリーマンの昼食を牛耳《ぎゆうじ》る二大勢力、カレーとラーメン。

二大勢力というものは必ずや対立し、競合し、相争うものである。

三井と三菱は合併しない。

市川右太衛門と片岡千恵蔵は握手をしない。（何のことだかわからない人は飛ばして読んでね）

むろん、カレーとラーメンは合併しない。

同じ麺類であるうどんのほうは、カレーうどんとしてとっくの昔に合併している。

合併して蕎麦屋のメニューに確固たる地位を築いている。

カレーラーメンも、各地でそこそこの地位は確保しているものの、カレーうどんほどにはポピュラーではない。

ナンデダロ？

たまにはカレーラーメンというものを食べてみたいな、と思うこともあるのだが、どこに行けば食べられるのか途方に暮れるほどどの店でもやっていない。

ナンデダロ？

即席麺のほうにはカレーラーメンがある。

日清のカレーヌードル。

日清にあるのなら当然マルちゃん、明星、エースコックでも売り出しているはずだと思うが日清以外のものを見たことがない。

ナンデダロ？

合わない、合性がよくない、

ということなのだろうか。

うん、確かに合性はよくないような気がする。

お互いに個性が強過ぎる。

結婚でも、二人の個性が強過ぎるとうまくいかない場合が多い。

そりゃそうだろな、片っぽうはカレーだろ、カルダモンだろ、クミンシードだろ、コリアンダーだろ、そういうところへもう片っぽうは、豚骨に鶏ガラに昆布に鰹節という布陣、ソリャナイダロ、という出会い。

出会い系サイトで知り合ったとしても、お互いにひと目見てすぐお別れするという出会い。

と、常日頃思っているぼくの前に突然現れたのがまごうかたなきカレーラーメン。

場所は新宿のタカシマヤデパート。

時は二〇〇五年九月七日から十二日までの「カレーフェスティバル」。

タカシマヤ十階の催場で、全国の有名カレー店が出店して、それぞれ自慢のカレーを競い合う催し物が行われたのである。

他の店がカレーライスで競い合う中、ただ一店、カレーラーメン一本で勝負する店があった。

北海道で元祖カレーラーメンを名乗る店である。

ライスも麺もなしで
クリームシチューの
ようにカレースープ
だけ食べる場合
というのは
カレーだけ
ありうるの
だろうか？

早速会場に駆けつけたぼくの前に、カレーラーメンが置かれてモーモーと湯気を上げている。ラーメン丼の中は黄色っぽい茶色のカレーのスープでふちどられ、その中央にチャーシュー、モヤシ、ワカメ、ネギ、カレースープの中からところどころ浮かび上がっている中華のちぢれ麺。いいも悪いも、合う合わないもない〝出来ちゃった婚〟である。現にこうして、丼の中で出来ちゃっているのだ。

ほんとにもう、近ごろはすぐ出来ちゃうんだから、などとブツブツ言いつつとりあえずレンゲでスープをすくって一口。

これは大物同士の結婚である。

美空ひばりと小林旭の結婚である。（またしてもわからない人は飛ばしてね）

大物同士は譲り合わない。

このカレースープは、明らかに小林旭の顔を立てないスープである。（スープがひばりね）

最近はやりのスープカレー的スープではなく、ややドロリ系でゴハンにかけたらおいしいだろうなというやや和風タイプのカレースープ。

これに対し旭はどう出たか。（麺のほうね）

旭は当然ながら折れ合うということはしない。ラーメンの麺の保守本流、ちぢれ麺を貫きたい。

ここでちょっと話は変わるが、カレーうどんを食べるとき、みなさんはどういうことに注意しつつ食べますか。

そうです、ハネです、黄色いツユのハネの防止に全力を尽くしつつ食べますね。

うどんはまっすぐで、しかも表面はツルツル、それでもときどきハネて衣服に黄色いシミをつくる。

まっすぐでもハネるのに、それがちぢれていたらどうなるか。
麺のちぢれているところに、ドロリとしたスープがからんだらどうなるか、それを口をすぼめてすすりこんだらどうなるか。
そこのところを充分警戒しつつ食べれば、この結婚はうまくいったことがよくわかる。
カレースープ味で食べるチャーシュー意外においしく、

モヤシ、これまたカレースープに合い、ワカメもまたカレー味に合うことがわかった。

ちぢれ麺のちぢれたところにたくさんからむがゆえに、ドロリのスープと麺がこれまたおいしい。

またまた話は変わるが、ラーメンライスというものがありますね。

ラーメンをすするかたわらゴハンを食べるというあのスタイル。

このカレーラーメンを食べつつふと思ったのがカレーラーメンライス。

この和風系ドロリカレーをレンゲですくってライスにかければたちまちカレーライス。

ときにはカレー、ときにはラーメン、そしてときにはカレーラーメンライス、天下無敵のロックンロールならぬ、天下無敵のサラリーマンの昼めしではありませんか。

（『パイナップルの丸かじり』所収「天下無敵のカレーラーメン」）

ひきこもりラーメン

いま引きこもりが問題になっているが、ついに「引きこもりラーメン屋」というのが出現した。

ラーメンを個室に引きこもって食べるのである。

ホラ、ノラ猫にエサをやると、ガルルーとか言いながら大急ぎで車の下なんかに持っていって、そこで安心して食べ始めたりしますよね。

あれとおんなじ。

ラーメンを注文して、ラーメンが出来あがるとそれを受け取って、ガルルーとか言いながら個室に引きこもって食べるという、そういう方式ではない。

個室は個室だが半個室。

選挙のとき、両側に仕切りのある机が用意されていますね。あの方式。もちろんイス

はあります。

両側と前方、仕切られた囲いの中に一人ずつ引きこもって食べる。

「食べる時の顔が誰にも見られない半個室の席で、周りを一切気にせず、味だけに集中して召し上がって頂けます」

と、店のパンフレットにある。

「また声を出さず替玉や追加注文ができるので、女性一人でも人目を気にせず思う存分食べて頂けます」

とも書いてある。

この店は、店に入ってから食べ終えて外に出るまで、〝声を出さず〟に済むシステムになっている。

まず券売機で食券を買う。

ラーメンの種類は「元祖唐辛子入りトンコツラーメン　七五〇円」だけだが、『追加ネギ』『追加チャーシュー』『きくらげ』などのボタンがあり、それを注文したい人は次々にそのボタンを押していく。

券を買うと案内係のおねえさんが、

「初めてですか」

と訊いてくれるが、〝声を出さず〟にうなずくと半個室に案内してくれる。

厨房をはさんで両側に八席ずつ〝選挙風半個室〟がズラリと並んでいる。

半個室にすわる。

右側にヒモのついたボールペン。

左側に回転ずし風コップ押しつけ型の冷水給水装置。

渡された注文用紙に自分の好みを書きこむ。

「麺　かため」とか「こってり度　あっさり」とか「にんにく　少々」とか、そういうやつ。

半個室の正面にはノレンが下がっており、その下が二十センチぐらいあいていて、厨房の人の腰のあたりが見える。

注文用紙を書き終えると、〝声を出さず〟に目の前にあるボタンを押す。

するとノレンの下から手が出てそれを引き取る。

やがてノレンの下から注文のラーメンが差し出される。

ラーメンを引き寄せたとたん、スダレがサッと降りてきてノレンの下のスキマがなくなり、三方完全閉鎖となる。これがパンフレットにある「世界初！ 味集中カウンター」の全容である。

味集中カウンターにすわった感想はどうか。

なんだか寂しい。

急にみんなから遠く離れてしまったような孤独感もある。

当分の間、もう誰にも会えないのだ。

周りを取り囲まれているせいか、人に隠れて何かいけないことをしているような気持ちになる。

正々堂々、胸を張って食べていいのに、なんだかコソコソした感じになる。

物陰に隠れて箸をコソコソ割り、麺をコソコソすすり、チャーシューをコソコソかじる。

いかんいかん、ここは世界初の味集中カウンターであった。

味に集中しなくてはならぬ。

博多ラーメンであるから麺は極細。

スープは当然白濁系。「ふつう」を頼んだのだが、それでもかなりこってり。

こってりだがしつこくない。

豚骨特有の臭みを完全に消してあり、香ばしいような香りもある。

チャーシューきわめて美味。

秘伝の唐辛子ベースのタレは、辛いだけでなく、口の中に様々な辛味系の旨味がひろがる。

麺の量はやや少なめ。

したがって替え玉が欲しくなる。

替え玉を〝声を出さず〟に注文するにはどうしたらいいのか。

ここにもそのための工夫がちゃんとなされているのであった。

すなわち箸袋。

箸袋に「替玉　一五〇円」「半替玉　一〇〇円」という文字が印刷されており、①追加注文したい品に〇をつけてください。②現金をご用意ください。（食券はいりません）③目の前の㊙ボタンで従業員を呼び、現金とこの箸袋をお渡しください。とあって、〝声を出さず〟という方針を徹底させている店なのであった。

これから先、こういう店は増えていくのではないだろうか。

ちょっと前、ファミレスでこういう光景を見た。

子供二人（小学生ぐらい）とその両親の一家は、食事の始めから終わりまでひとことも口をきかないのである。

子供二人はゲーム機、父親はマンガ雑誌から目を離さず、母親はケータイのメールに熱中。

こういう一家に、こういう店は向いているのではないか。

閉鎖と隔絶と孤独と沈黙の食事を終えて外に出たわたくしの感想はどうか。

〝出所〟でした。

（『うなぎの丸かじり』所収「ひきこもりラーメン」）

明るくのびのび一八〇円

「一八〇円ラーメン」というものを食べてきた。

のびのびと食べてきた。

明るく食べてきた。

おいしく、楽しく食べてきた。

このところ、いわゆる名店といわれる店を食べ歩いていて、毎日ほとほと暗い気持ちになっていた。

名店の店内は暗い。

楽しそうに食べている人など一人もいない。

満員の客が全員暗く頭を下げ、一言も発せず、黙々と箸《はし》で麵を上げ下げし、暗い表情でスープをすすり、首をかしげ、あるいはわざとらしく大きく頷き、あるいは感に堪え

ないというふうに天を仰ぎ、さすが、というように店主を尊敬のまなざしでじっと見つめ、うーむ、しかし、と急に頬杖をつき、この昆布出しの昆布は羅臼《らうす》か利尻か、と思案のポーズとなり、「いずれにしてもコンブをぎょうさんつこてるな」と思いなおして再び麺に取り組む。

おかしいぞ。

こんな食い物屋、ほかにあるか？

客の全員が無言の飲食店なんて聞いたことないぞ。

三十人も客がいれば、どこかで一組ぐらいは何か会話を交わしているものだろうが。

笑い声も聞こえてくるはずだろうが。

踊りを踊っている人もいるだろうが。（いないか）

厨房《ちゅうぼう》も暗い。客席よりも暗い。

暗い上に緊張感がただよっていて、ときどき弟子を厳しく叱責する親方の大声などもあり、そのたびにカウンターの客の肩がビクと震える。

名店の名店度と、客の暗黒度は正比例するといわれている。

食べていても、次、いつ、また親方の大声が発せられるかと思うと、おちおちスープもすすっていられないだろうが。

名店といわれるラーメン屋のおかしいところはまだまだあるぞ。

だいたい値段が高過ぎる。

安くて七五〇円、八五〇円なんてのはざらだ。

いいですか、いま吉野家の牛丼が二八〇円、てんやの天丼が四九〇円、立ち食いそばのきつねそばが三三〇円、マックのハンバーガーに至っては八〇円だ（二〇〇三年十月当時）。

つい最近、東京駅の八重洲口側のサラリーマンのランチ通りを歩いていたら、四〇〇円台の「本日の定食」がズラリと並んでいた。

いまはそういう時代なのだ。

そういう時代なのに、客を暗黒にさせておいて、しかも八五〇円も取ろうというのだ。

そういうラーメン界暗黒の時代に、爽《さわ》やかに登場したのが「一八〇円ラーメン」である。

みんなが待っていた店が登場したのである。

八五〇円当然と店も思い、客も思っていた世界だから、四〇〇円だって安いじゃないか、という常識をあざ笑うように一八〇円。

ラーメン一杯の原価はいくらなのか、という疑問は昔からいわれてきた。

一体いくらなのか。
八五〇円取るなら原価に四〇〇円はかけてないと許さんぞ、という気持ちは誰にでもある。
二〇〇円だったら首しめるぞ、という怒りはみんなの怒りだ。
そういう原価二〇〇円だったら首しめるぞの世界に、定価が一八〇円ですという商品が現れたのだから、エト、エト、どういうことだ、とみんなが混乱するぐらいの大価格破壊だ。「ラーメン一番」という店の「びっくりラーメン」で、主に関西地方で展開しているチェーン店だという。

東京の店は台東区の三ノ輪にある。

清潔で明るい店で、とにかく明るくのびのびとラーメンが食べられる。

明るくのびのびなんて、そんなことあたりまえじゃないかというかもしれないが、このところ、ほら、ずっと暗黒の時代を過ごしてきたので、そんな些《さ》細《さい》なことまでがとても嬉しいのです。

夕方の六時ごろに行ったのだが、店内に子供の客がいる。しかも五人もいる。

三人組のほうは部活帰りらしくサッカーボールを床に置いている。

二人組のほうは兄と弟で仲良くラーメンを食べている。

そうだった、昔のラーメン屋には、こうした子供の客もいたものだった。

子供の客がいるということにとてもホッとする。

こういう子供が、もし暗黒の名店にノコノコ入っていったら店内はどういうことになるのだろう。

子供のほかはネクタイの若いサラリーマン、近所のおっちゃん、セールスらしいおじさんなどなど。

みんな明るくラーメンを食べている。

何遍も同じことを言うようだけど、そのことに感動さえ覚える。

明るくというより、明るいも何も、ごく普通にラーメンをずるずるすすっている。

そうだったんだよなあ。ラーメンて普通に食べるものだったよなあ。

問題は味です。

味はあれです、そりゃあもう、八五〇円のと比べるのはかわいそうです。

スープもごく普通、麵もごく普通、メンマはなくてチャーシュー一枚と海苔とモヤシでモヤシはシャッキリ。

まともで、普通で、普通においしいラーメン。

これからは、こうした一八〇円クラスのラーメン、三〇〇円クラスのラーメン、八五〇円のラーメンというふうに〝住み分け〟の時代になっていったら嬉しいんだけどなあ。


（『おでんの丸かじり』所収「一八〇円ラーメン出現す」）

普通でいいじゃない

最近のラーメンブームの過熱ぶりはすごい。

ラーメン好きの人たちの会話の内容もすごい。

「渋谷の評判店Kは中細ストレート麺を使っているが、あのスープにはむしろ熟成多加水平打ち太目ちぢれ麺のほうが合うと思う」

「いや、ぼくは家系《いえけい》御用達ブランド酒井製麺の太目ストレートにすべきだと思う」

「背脂チャッチャ系の有名店Sの背脂の粒はもう少し小さいほうがよい」

「中野のKは水にもこだわっていて、逆浸透性浄水装置ろ過水を使っているからスープが最後まで濁らない」

「井出系と車庫前系の中間の味で勝負している和歌山ラーメンのMは、もっと車庫前系の味を出してほしい」

「『元祖一条流・がんこ十六代目』の近くにある『元祖一条流・がんこ総本家』の〝悪魔の日〟にぜひ一度参加してみたい」

ナンダコリャ。

と、誰もが思うようなことを、みんな真顔で語り合っている。

彼らはインターネットで情報を交換しあっているから、新規開店の店がおいしいとなれば、一か月ぐらいでその店は行列店となる。

最近評判の店といえば、「麺屋武蔵」「くじら軒」「香門《かもん》」「山頭火」「光麺《こうめん》」「竈《かまど》」「支那そばや」といったあたりらしく、

「『竈』のくんたま、たまんないね」

「『支那そばや』の幻の豚、金華豚、黒豚桃園のチャーシューというの、ぜひ一度食ってみたいね」

というような会話になる。

くんたまというのは燻製《くんせい》の卵のことだ。

彼らのラーメンに対する取り組み方は真剣だ。

インターネットでいちはやく情報を入手し、いちはやく駆けつけ、いちはやく並ぶ。

「三十分も並んだんだから、まずかったら承知せんけんね」

の意気込みで目を三角に改造して取り組む。

まるでワインをテイスティングするソムリエのようだ。

まず麺を少し高くかかげ、色、太さ、ちぢれ具合を確かめ、うなずき、自分は麺道五段なんだかんな、なめんなよ、というふうに店主を見やる。

次に麺をハゲシクすする。ハゲシクすするほどプロっぽく見えるからだ。

ハゲシクすすりすぎてムセているのがカウンターに二人はいる。

ムセそうになってこらえているのが一人はいる。

麺を飲みこんで、ほんのちょっとだけ首をかしげ、それから思い直したようにウンウンと二度うなずき、また店主を見やる。

次にスープを少しすする。すすった姿勢のまま、視線を遠くにはわせ、判断に迷って

いる風をよそおったのち、こんどは大胆にすすり、なにやらニンマリとほほえんだのち店主を見やる。だが、店主からは完全に無視されている。

メンマを取りあげて噛みしめ、うなずき、チャーシューをつくづくと眺めたのち口に入れ、ハゲシクうなずき、さっきからうなずいてばかりいるのだが店主には無視されている。

食べ終えて立ちあがり、金を払いながら、

（ご主人！　麺とスープがドンピシャ）

というふうにニッコリとうなずいて店を出てくるのだが、仲間には、

「なんだい、噂ほどじゃないじゃないか。スープのキレにもう一つコクがなく、将来に期待したい」

なんてことを言う。

こういう人たちの中には、ラーメンを年に三〇〇食、四〇〇食というのがざらにいるという。

彼らはラーメンにハゲシク期待して出かけていくから失望も大きい。

食べたあとの心もすさむ。

食事というものは、本来食べて和《なご》むもの、食べて満ちたりるものであるはずなのに、食べて心がすさんだんじゃあ、どうしようもない。

ぼくの西荻窪の仕事場から歩いて六分ほどのところに、昔ながらの中華料理屋がある。

老夫婦だけでやっている店で、メニューはラーメン、タンメンから始まって、チャーハン、焼きそば、中華丼、天津丼、八宝菜、酢豚まであるという店だ。

ぼくはこの店に、ラーメン、タンメン、チャーハンのいずれかを食べに行くのだが、この店のラーメンはご想像のとおり、なんの変哲もないラーメンだ。

昔ながらの醤油味で、スープの表面に小さな鶏ガラの脂が浮いていて、ナルトが入っていて、数本のメンマ、薄く切ったチャーシュー一枚、海苔、麺はややちぢれ気味の中細麺。

このラーメンを、近所の買い物帰りらしいおばさんたちがよく食べにくる。

店主と知り合いらしい人が多く、お天気の挨拶を交わしたあとラーメンを注文し、感動するわけでもなく、失望するわけでもなく、大きくうなずいたりするわけでもなく、ただ淡々と食べて、淡々と立ち上がり、淡々と買い物袋を

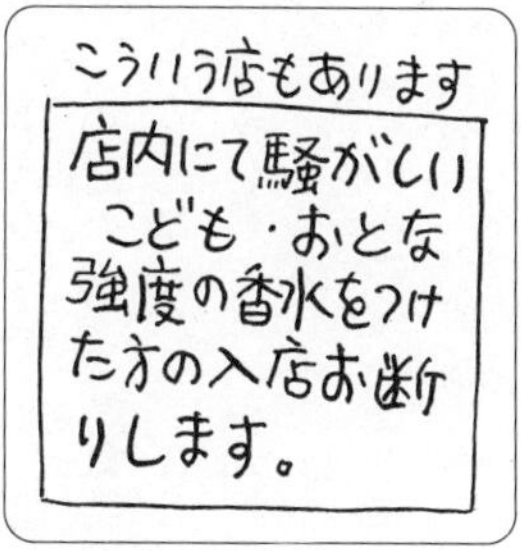
こういう店もあります
店内にて騒がしい
こども・おとな
強度の香水をつけ
た方の入店お断
りします。

取りまとめ、淡々とお金を払って出て行く。

この店のラーメンは特別においしいか、と訊かれれば、特別にはおいしくないと答えざるをえない。

まずいか、と訊かれれば、はっきりまずくないと答えられる。

もともとラーメンは、期待して目を三角にして食べるものではなかったはずだ。

いつからこんなことになってしまったのか。

（『ゴハンの丸かじり』所収「『普通のラーメン』」）

やめられない！　深夜のスープ作り

このところ、ラーメンのスープづくりにハマってしまって困っている。

毎日、深夜、三時間も四時間もスープ鍋の前に立ち、フツフツ煮えるスープを見つめている。

ときどき浮いてくるアクをアク取りですくい取っては次のアクが浮いてくるのを待っている。

スープづくりにかける時間の分だけ睡眠時間が減る。

困ってはいるのだがどうしてもやめられない。

つくればつくるほど、新しい疑念、テーマ、アイデアがわいてきてやめるわけにはいかない。

そもそもの発端は、上野のアメ横で鶏の足先、通称モミジを発見したことにある。

「モミジからはええダシが取れまんねん」

とはラーメン業界の常識だ。

ぼくもかねがね「取れまんねんやろな」と思っていたのだ。

だがモミジはどこにも売ってない。

そのモミジを、アメ横の中ほどにある「アメ横センタービル」の地下で発見した。

迷わずゲット。

この地下は、アジア関係の食材の市場で、並んでいるのは珍しいものばかりだ。そして安い。

モミジ（七個入り）一袋三〇〇円。

豚骨発見。一本九〇円。二本

ゲット。

豚の皮発見。厚さ四センチ、ねっとり部厚い脂がついていて、週刊誌見開き大のものが三五〇円。ええダシ取れまっせ。ゲット。

豚の胸の骨のガラ発見。アバラ骨に肉ビッシリ。一袋八五〇グラム、三九二円。よくわかんないけど、ええダシ、ゴッツ取れそう。ゲット。

豚のしっぽ発見。長さ二〇センチぐらいのが七本入って一袋、五〇〇円。くさいダシ取れそう。ゲットせず。

あとはどこでも売っている鶏ガラ一羽と手羽先五本を購入して帰宅。

ここで買ったものを整理してみよう。

豚関係＝豚骨、皮、ガラ。

鶏関係＝モミジ、ガラ、手羽先。

ふつうなら、これらをいっしょくたにして煮込み、そこへ昆布を加え、煮干しを加え、ということになるのだが、これだと味の方向の予測がつかない。プロにはわかるがシロートには無理だ。

スープづくり一週間の修業で、ぼくはついにシロート向けの方法を発見した。

それは、材料別に煮こんで、あとでそれを、ウィスキーの調合をするように調合するのだ。

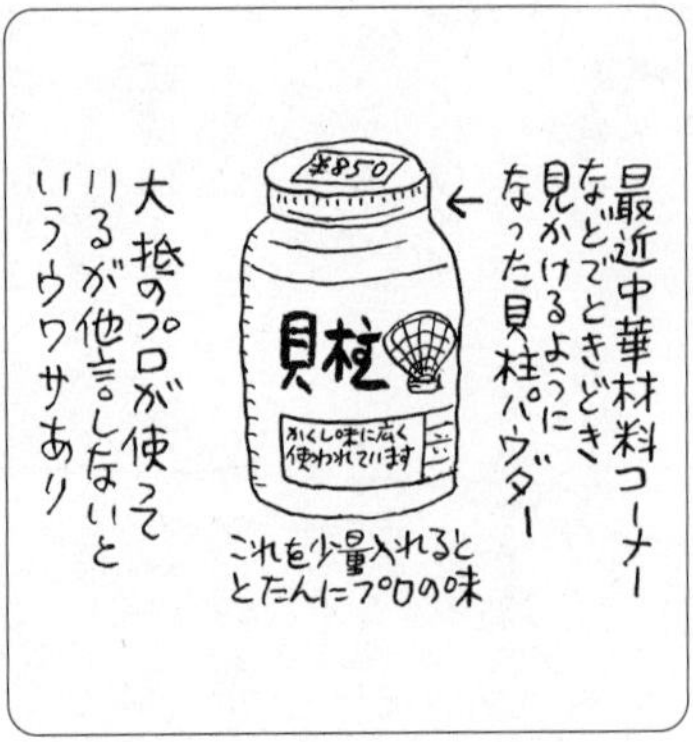
最近中華材料コーナーなどでときどき見かけるようになった貝柱パウダー
¥850
貝柱
かくし味に広く使われています
これを少量入れるととたんにプロの味
大抵のプロが使っているが他言しないというウワサあり

豚関係は豚関係で一鍋。

鶏関係は鶏関係で一鍋。

昆布と煮干しはいっしょで一鍋。

野菜関係の、玉ねぎ、ねぎ、生姜などは、三者を調合したあとで煮て甘味を出す。これならシロートでも味の方向づけができる。

「あのよう。その三者をいっしょに煮るからこそゴッタ煮の旨味が出るんでないかい。別々にスープ取ったらうまくいかないんでないかい」

という意見は無視。

「なにしろ、こっちはシロートだでよう」

という一言のもとに無視。

豚骨をノコギリで二つにし（重労働）、すべての材料を一度下煮してから三つの鍋を火にかけて製作開始。

最初は三つの鍋から猛烈にアクが出てアク取りに大忙し。大奮闘。

そのうちアクはやや収まるが、それでも一時間以上アクはやまない。

二時間経って、うん、もう、収まったな、と思って油断していると、五分ぐらい経ってまた出てくる。

十分ぐらい経ってまた出てくる。十五分経つとまた出てくる。

「ええかげんに、しなさい」（桂三枝サン風に読んでください）

というぐらいしつこく出てくる。

しかし、この〝深夜のスープづくり〟は、なかなか捨てがたいひとときだ。特に、アクがある程度収まってからがいい。

フツフツ煮えたぎる鍋を見つめ、その様子を見つめてはいるのだが頭の中は別のことを考え、その考えが別の考えを呼び、ふとスープに戻り、いいスープになってくれよ、と、意味もなく少しかき回し、しかし、とまたさっきの考えに戻る。

モミジ
↑印のところにプックリおニク！
おいしそう！

この行きつ戻りつが〝スープのひととき〟の味わいといえる。

料理には、切る、練る、つぶす、飾るなどの動きのあるひとときと、スープづくりのような動きのないひとときがある。

することはただ見つめているだけ。見つめている必要はないのに見つめているひととき。ある程度のぼんやり。ある程度の放心。

こういう〝単純きわまりないひととき〟が、われわれのいまの生活には少なすぎる。

深夜、鍋が自分の相手をしてくれているひととき。

だから、三時間ぐらい経って、もうまったくアクが出なくなったときはとても寂しい。

「キミの用は済んだよ」

と鍋が言っているのだ。もう用はないよ、と言っているのだ。

鍋に見捨てられたのだ。

それまで一生懸命、手をかけて慈しんできたものが、自分から離れていくのだ。子育てを終えつつある母親の心境はこんなものなのだろうか。

〝調合〟は、鍋の中身を一度漉してからのほうがいい。そのほうがわかりやすいしやりやすい。

今回のようにたくさんの材料を使った場合は、味付けは塩と薄口醬油だけのほうがよいようだ。

化学調味料に頼らなくても「ここまでおいしい」というラーメンスープを目ざしてきようもまた……。


（『猫めしの丸かじり』所収「ラーメンスープ製作日記」）

〝ドーダ〟化するチャーシューメン男

チャーシューメンは豊かさに満ちている。と同時に誇りに満ちている。
ラーメン屋のカウンターで三人の客がラーメンをすすっている。
そこへもう一人の客が入ってくる。
「チャーシューメン」
客はゆっくりと言い放つ。
一瞬、三人の手が止まる。
止まりはしたものの、三人は何事もなかったように再びラーメンをすすり始める。
チャーシューメンが出来あがり、客の前にトンと置かれる。
そのとき、ほとんどいっせいに、三人はチャーシューメンの丼を横目でチラと見る。
必ず見る。いつか必ず見る。

見たあと、三人は少しやるせないような態度になって再びラーメンにとりかかる。一口、二口食べたあと、今度はそのチャーシューメン男の顔を横目でチラと見る。

必ず見る。いつか必ず見る。

どんな男だ？

見たあと、フーン、という顔になり、ナーンダ、という顔になり、ヤッパリナ、という顔になる。

ヤッパリナ、にラーメン男たちのいろんな思いが込められているのだ。

チャーシューメン男は、三人の〝チラ〟を十分意識している。意識して、ワリーナ、という表情で応える。もっと過激な男の場合は、ドーダ、あるいは、マイッタカ、と応じる。

チャーシューメン男は、店に入ってくるときから誇りに満ちている。

「きょうはチャーシューメンなんだかんな」

「いつもとちがうオレなんだかんな」

という「かんな感」にあふれて店に入ってくる。

経験豊かな店主は、店に入ってくる時点で、「このヒトはチャーシューメンのヒトだな」とすぐわかるという。

目の輝き、胸の反り具合、ノレンを押す力の入れ具合、たけり具合ですぐわかるとい

う。

チャーシューメン男が〝ドーダ〟的態度であるにもかかわらず、三人のラーメン男たちの評価は低い。

「ナーンダ、チャーシューメン男か」

と、かえって見下している。

さっきの〝チラ〟にはその思いが込められていたのだ。

大体ね、チャーシューメンなんてものは邪道なの。食べていてもチャーシューのことばっかり気になって気が気じゃないの。チャーシューが多すぎれば多すぎたで、早くどんどん片付けなくちゃ、と気が気じゃないし、中盤であと三枚なんてことになると、少しペース早すぎたな、とハゲシク後悔して、一枚取りあげて少し考え、丼に戻し、戻したのをまた取りあげてまた戻したりして悩んだりしている奴もいるし、始めから終わりまでチャーシューの枚数を数えてばっかり。

と、再度横目でチラチラと、そういうサインをチャーシューメン男に送っているのだが、もちろんチャーシューメン男はそんなことには気づかない。

まず最初にチャーシューの枚数を数える。

チャーシューが六枚という店が多い。八枚だったりすると、思わず店主の顔を見上げ、

「そういうヒトだったんですね」

と尊敬の目になる。

ところがよく見ると、たくさん並べた感じを出すために、ラーメンのより薄くしている店もある。

そういう場合も、思わず店主の顔を見上げ、

「そういうヒトだったんですね」

という目になる。

とりあえず、丼の上をびっしりとおおっているチャーシューを箸でかきわけて麺をほじり出してひとすすり。

このときの〝かきわけ感〟もチャーシューメンならではのものだ。

モヤシやワカメをかきわけるときの心理とあきらかにちがう。

チャーシュー様をかきわけるのだ。

ほかでもないチャーシュー様を、邪魔だ邪魔だ、しばらくあっち行ってろ、とかきわけるのだ。

この〝邪魔だ感〟がいい。

麺をひとすすりしたら、いきなりチャーシューを一枚ムシャムシャいく。

この〝いきなり感〟もこたえられない。〝いきなりムシャムシャ感〟も感動的だ。

　八枚の場合は、いきなり一枚食べてもまだあと七枚もある。だいじょぶ。心配ない。

　この〝だいじょぶ感〟も心地よい。

だいじょぶ感のあまり、中盤あたりで、連続二枚、などという荒技に挑戦する人もいる。

　一挙三枚重ね食い、などという超荒技を試みる人もいる。（いないか）

　新宿の小田急デパート（ハルク）の裏に、チャーシューメンで有名な「満来《まんらい》」がある。この店のチャーシューはたった三枚だ。

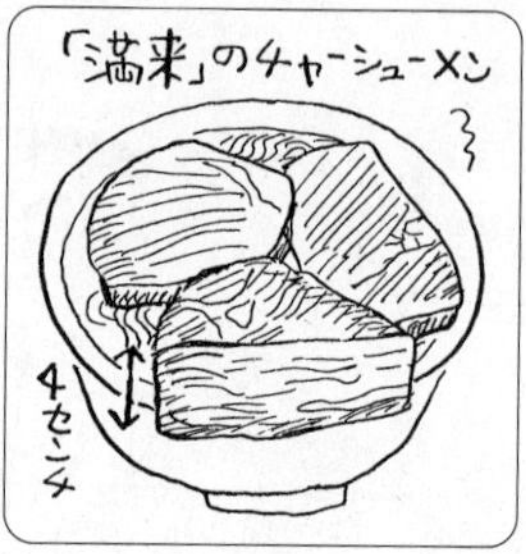

真上から見ると確かに三枚なのだが、一枚の、船でいうところの吃水《きっすい》の部分が深い。深く重く、スープの中に沈んでいる。麺は平打ち麺なのだが、チャーシューの重みで麺がつぶれたのかと思うほどだ。

厚さ四センチほどのが一枚。あとの二枚が約一・五センチ。総重量二百五十トン、じゃなかった二百五十グラム。

二百五十グラムというと、ひもでしばったチャーシュー用の豚肉がありますね。あれの大きめのやつの半本分くらいに相当する。

とにかくもう食べても食べてもチャーシュー。噛んでも噛んでもチャーシュー。噛み疲れて呆然としてもチャーシュー。

お店の人の顔を思わず見上げて、

「そういうヒトだったんですね」

とうなずいてまたチャーシューにとりかかる。

（『親子丼の丸かじり』所収「チャーシューメンの誇り」）

「土佐っ子」ラーメン恐るべし

東京都のまん中をドーナツ状に回る道路、環状七号線。通称カンナナ。

この道路沿いに立ち並ぶラーメン屋を環七ラーメンと呼ぶ。

この環七ラーメンの元祖とでもいうべき存在が「土佐っ子」だ。テレビや雑誌のラーメン特集の常連である。

営業時間、夕方の六時から翌朝四時半まで。夜中にこの店の前を通ると、突如現れる十七個のチョーチンの明かりと、その明かりの下にうごめく大勢の人の群れに驚かされる。

この店の常連は、長距離トラックやタクシーのドライバー、そして夜のドライブを楽しむカップルたちだ。

この店のラーメンは、あらゆる意味で変わっている。ラーメンも変わっているが、店

の仕組みも変わっている。

常識ではちょっと考えられないようなところもある。そのラーメンと、この店の仕組みを、以下、簡潔にハードボイルドタッチで説明していく。

「土佐っ子」ラーメンの特徴は〝超濃厚〟だ。

どういうふうに超濃厚かというと、豚の背脂による超濃厚なのだす。

あれ？　突然文体がヘンじゃないか、と思うかもしれないが、このハードボイルドは、関西弁タッチのハードボイルドなのだ。だからこれでいいのだ。わては浪花のハードボイルドだす。

なんだかよくわからないまま、話は進行していく。

この店のスープは、豚の背脂、鶏ガラ、玉ねぎ、干ししいたけ、ニンニク、昆布だ。ニンニクは一日十キロから十五キロ使う。そう公式発表されている。「土佐っ子」ラーメンの最大の特徴は、この背脂にある。丼にスープを張り、麺と具を入れたあと、さらにその上から豚の背脂をバサバサとふりかける。

どうふりかけるか。

店内にあるスープ用の寸胴鍋は五つ。この五つのうちの一つが、背脂専用だ。この専用鍋の中に、煮こんでグズグズになった背脂のカタマリがたくさん入っている。

このカタマリを、金網の網ジャクシですくいあげ、その上に大きなヒシャクをかぶせて押さえる。これを丼の上でバシャバシャと上下に激しく振る。

背脂は崩れ、網ジャクシの網を通るとき五ミリぐらいの粒状になる。

この五ミリぐらいの粒状の脂が、スープの表面に五ミリぐらいの層をつくる。この脂のツブツブを、客はスープと共にズルズルとすすり込む。

あに、濃厚ならざるべけんや。

脂をふりかけられる丼は常に十二個。ヨコ四列、タテ三列、きっちりくっつけて並べる。

その左はじから右はじに、個別という概念を抜きにして振りかけていく。

つまりタコ焼き方式だ。タコ焼きも一つ一つの穴に小麦粉をそそぎ込むわけではない。その結果、穴と穴との間にもドロドロの粉はふりそそぐ。

タコ焼き方式で豚の背脂を丼にふりかけるとどうなるか。

ラーメン丼と丼の間、ラーメン丼のフチというフチに脂はふりそそぐ。

丼の外側の側面にも脂は飛び散ってはりつく。すなわち、丼のあらゆる面が脂まみれになる。

この脂まみれのままの丼を、店員は「どうぞ」と客の前のカウンターに置く。この店の初心者は、ここでのけぞる。われ、いずくんぞこの丼にさわることを得んや。

ふとカウンターの上を見ると、五十センチ間隔で、二段積みのティッシュが置いてある。常連はこのティッシュをまず三、四枚ズルズルと抜きとり、これを丼にあてがい、とりあえず手前に引き寄せる。

カウンターもところどころスープで汚れているから丼のスベリはいい。

引き寄せたらティッシュを、丼の上のフチと側面と下端部に行きわたるように上手に

操作してようやく手で持つ。

女性客にはレンゲをくれるが、男性客にはくれないから、こうしないとスープを飲むことができない。

ふと気がつけば、タイル張りの床も脂でヌルヌルしていて、足をふんばるとツルッといきそうだ。この丼を手に持ったままツルッといった場合どうなるか。考えただけでも恐ろしい。

この店の出来ますものは、ラーメン（六五〇円）とチャーシューメン（八五〇円）だけだ。店内はカウンターだけの立ち食い方式で、カウンターの長さは十メートルはある。店に入った客は、まずカウンターの左はじに行く。すると「店の左側でお金を払い、はしを受けとってください」という貼り紙に気づく。ラーメンかチャーシューメンかを申告して箸をもらう。

箸は一度に十二人分ずつ渡す。

箸の先端には、赤いシルシがついていて、この「赤組」の十二人の次の十二人の客には、シルシのない箸を十二人分渡す。

とりあえず「赤組」は赤い箸を持って店内に散る。最初にできあがった十二杯を、店員は赤い箸を目印に渡していく。

次の十二杯を、シルシなしの箸を目印に渡していく。

黒い革ジャンのこわそうなおっちゃんも、カップルのコギャルも、耳ピアスで茶パツのニイチャンも、みーんな赤い箸を一コずつもらって、ジーッと黙って店のそこここにたたずんでいる。赤組の幼稚園児のようにおとなしく待っている。

この店の麵は、中太のかなり黄色いモチモチ麵だ。メンマに多少問題はあるが豚バラ肉のチャーシューはかなりウマい。スープは、脂好きの人にはこたえられまい。

雑誌などのこの店のラーメンの写真は、丼のフチがどれも白くきれいに写っているが、どうやって撮ったのだろう。

（『ダンゴの丸かじり』所収「「土佐っ子」ラーメン恐るべし」）

ラーメン食べ放題？

「ラーメン食べ放題の店を見つけましたッ」

という情報が入った。わが私設調査機関、ＨＴＣから報告があった。

ＨＴＣというのは「東日本食べ放題追跡調査研究協会」すなわち「ＨＴＴＣＫＫ」から、ところどころいいかげんに抜いて命名したものだ。

そもそもＨＴＣは、わが周辺の人々に、「食べ放題の店があったら教えてね」と頼みこみ、「ああ、いいよ」ということで設立された、由緒正しい組織なのだ。

ラーメンの食べ放題……。ウーム、何がどうなっているのか。実によくわかるような気もするが、あまりに単純すぎてよくわからないところがある。

たとえば寿司食べ放題なら、ワーイ、寿司だ、寿司だ、腹一杯食ってやるぞ、という気持ちになるし、焼き肉食べ放題ならば、ワーイ、焼き肉だ、焼き肉だ、気持ちわるく

なるまで食うぞ、ということになるのだが、ラーメンにはこの〝ワーイ感〟がまるでない。

ラーメンなんていつだって食える。

そのうえ、ラーメンなんてもな、アータ、ジルジル、ズーズー、ズージル、ジルズーと、ツユを飲み、麵をすすって食べ終えれば、あー、もー、おなかイッパイ、だけどナンダナ、丼に残ってるこのスープ、もうひとすすりすすってみっか、ジルジル、あー、ダメ、こんどこそダメ、お腹パンパン。ゲフとベフを連発の、ベルトゆるめの、汗ふきの、と苦しがってるところへ湯気の立った丼一杯のラーメンがもう一杯、オマットサン、と出てきた日にゃ、アータ、えらいことでっせ。

どう考えても、ラーメンは食べ放題に適してないような気がする。

しかし興味はある。

どのような仕組みで、ラーメン食べ放題を成立させているのか。

報告によれば、食べ放題はプライス九八〇円で時間は六十分だという。

店内はどのような雰囲気になっているのだろうか。

客はきっと若い人たちにちがいない。

店内は熱気ムンムン、喜色満面の若ものたちの間をラーメン丼が激しく行き交い、ツユはこぼれ、チャーシューはころげ落ち、メンマは踏んづけられ、「自分は八杯目いくでありますッ」「オッス」という客同士の大声、「十一杯目出ますッ」という店主の泣き声、「わたし実家へ帰りますッ」という店主の妻の黄色い声、というようなことになっているのだろうか。

ＪＲの渋谷の駅のすぐ近く、若い人だらけのセンター街を入ってすぐ右手の「万葉会館」地下一階の「ラーメン札幌」がその店だ。驚いたことに、この万葉会館は、地下一階から三階まではすべて飲食店で、そのほとんどの店が食べ放題をやっているのだ。

食べ放題専門の店というわけではなく、どの店もメニューの中に〝食べ放題の部〟を

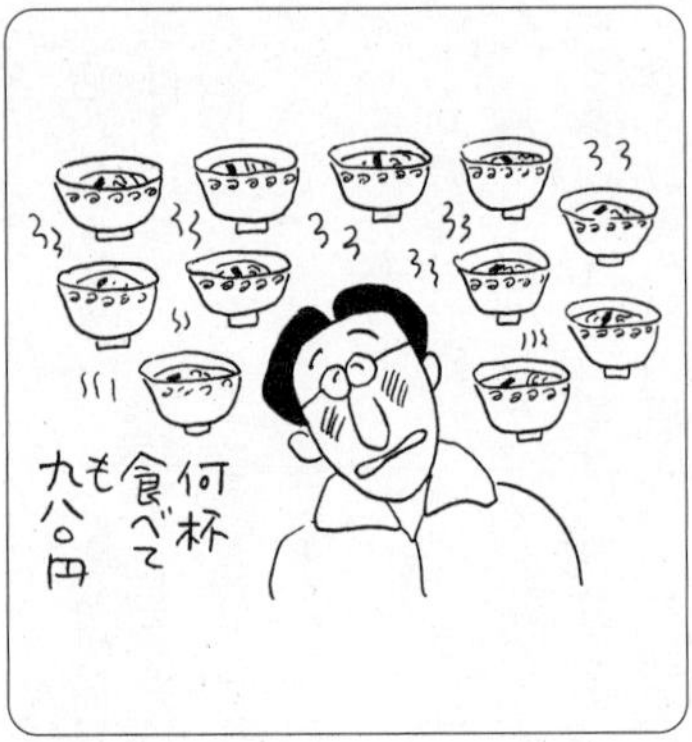

組みこんでいるのだ。

寿司、中華、しゃぶしゃぶ、ピザ、スパゲティ、スキヤキ、ホットケーキ（改装中）の食べ放題まである。

万葉会館は、実は〝放題ビル〟でもあったのだ。「札幌」の入り口に、ラーメン食べ放題に関する看板が出ている。

『ラーメン食べ放題。お一人様九八〇円（税込み）。六十分。チャーシューメン、味噌ラーメン、バターラーメン、タンタンメン、いずれも食べ放題』とある。

この店のメニューには、その他いろいろのラーメンやギョウザやタンメンや焼きそばなどもあるが、食べ放題はこの四種類に限るらしい。

店の入口に券売機があって、それによるとチャーシューメンを単独でたのむと七五〇円。味噌ラーメンが五八〇円、バターラーメン五五〇円、タンタンメン五〇〇円。

すなわち、チャーシューメンと味噌ラーメンの二杯を食べれば、モトが取れて三五〇円儲かる仕組みになっている。

儲け話としてはわるい話ではない。

確実に、とりあえず三五〇円儲かる。

看板には写真が出ていて、チャーシューメンは厚さ七ミリぐらいの大きいチャーシューが五枚のっかっている。

これ一杯で確実におなかはイッパイになる。いくら儲けるためとはいえ、そのうえ味噌ラーメンを食べるのはつらい。無理して食べても三五〇円しか儲からない。三五〇円儲けるには、ほかにいくらでも方法があるような気がする。

店内をのぞいてみる。

入り口から中がよく見える。細長いカウンターが奥に長く続いているかなり大きな店だ。

オバサンが一名、サラリーマン風の中年男一名、一番奥にアベックが一組。

時刻は五時ぐらいだったからけっこうはやっている店といえる。

券売機には「食べ放題九八〇円」のボタンもある。これを押すべきか、押さざるべきか。

店内の四名は、いずれも平和に、のんびりと、静かに麺を食べている。

いずれも〝放題の人〟ではないらしい。こういうふうに、清く、正しく、粛々と食べている人たちのところへ、放題男が入っていったらどういうことになるか。

人々は驚き、うろたえ、あきれ、のけぞり、平和は乱されるにちがいない。

ぼくは単独の「チャーシューメン」のボタンを押し、中へ入って行った。

「放題の客は、ごくたまーにですね」

実直そうな中年の料理人はそう言った。

「これまで一番食べた人で六杯。一般的には二杯食べて少し迷って三杯目に挑戦し、三杯目を途中で断念するというパターンが多いです」

食べ放題もやってはいるが、ごく真面目な良心的な店のようだ。チャーシューメンもなかなかのものであった。

（『ダンゴの丸かじり』所収「ラーメン食べ放題」）

担々麺における液状化現象

液状化現象が、いま食べ物の世界に蔓延しつつある。
スープカレーが流行っている。
スープスパゲティが多くの店のメニューに載るようになった。
スープチャーハンが注目され始めている。
担々麺の汁の水位は年々上昇してきた。
これらの現象はいったい何を物語っているのだろうか。
わたくしはいま恐ろしい予感にうち震えている。
これは何かの始まりではないのか。
水面の上昇は陸地の水没化を意味する。
いままで陸地であったところ、すなわちカレーにおけるライスの丘、スパゲティにお

ラーメンライスは貧乏くさいが
担々麺ライスはセレブ!
このドロドロをライスにかけて次にこの挽き肉でライスを一口
担々麺
ライス

ける麺の孤島、チャーハンにおける炒めライスの小山、そのいずれもがその周辺を水面で取り囲まれたのである。

こうしたことは、これまで一度も人類が経験したことのなかった現象である。

イタリアのベニスの海水面も上昇しつつあり、ベルギーもその対策に苦慮している。

アジア大陸沿岸の小さな島は水没のおそれさえあるという。

つまり、わたくしがここで言いたいのは、地球全域にわたる海水面の上昇と、食べ物界の液状化現象、水位の上昇は連動している、ということなのである。

この二者の連動はどこでどのように繫がっているのか。

わたくしはいまそれを語る勇気を持たない。

神の警告の一つ、とだけ答えて今回のテーマ、担々麵に話を持っていきたい。

担々麵は、その発祥の地中国の四川《シセン》では汁なし麵であったという。汁ではなく、ゴマ風味辛味噌ダレを麵にまぶし、その上に肉味噌炒めをのせたものであった。

かつてテレビの料理番組で大活躍した陳建民という人がいた。

この人が日本人向きに汁を加えた担々麵をメニューに載せたのがいまから四十年前だった。

それ以来、それまであまり人気のなかった担々麵が、日本人の間に少しずつ浸透していったのである。

担々麵の汁は年々少しずつ増えていき、すなわち担々麵の汁の水位は年々上昇していったのである。そうしていまでは、麵が完全に汁で水没している担々麵を出す店も現れるようになった。

もちろんいまでも汁なし担々麵はあり、汁なし担々麵、汁あり担々麵、という言い方で棲み分けができている。

担々麵の汁は、いかなる濃厚ラーメンもかなわない〝激辛濃厚ヌルヌル恐怖の赤い泥沼〟である。

レンゲですくって一口飲めば、たちまち唇はヌメヌメヌラヌラヒリヒリ。

二口飲めば口中は〝舌殺し油地獄〟と化す。

その激辛ドロドロヌメヌメ油地獄に人々は狂喜する。

担々麵の汁は
必ずレンゲで!!
唇が
どうなっても
しらんよ

わたくしはかつて担々麵を食べている青年の一部始終を観察したことがある。

担々麵が到着すると、青年はレンゲで最初の一口をすすり、続けて二口目をすすり、ちょっと瞑目したあと更に三口目をすするのであった。

ラーメンの場合は三口連続してスープをすすることはまずない。

一口、レンゲでスープをすすったあと麵にいくのがふつうである。

だがこの青年は、〝担々麵の汁はなぜか連続三口の真実〟を実行したのである。

担々麵の汁は、一口でやめることができないほど魅力的であとを引くのだ。

そのときもう一つの、〝担々麵の真実〟を発見した。

その青年の姿勢が、一口すするごとに低くなっていったのである。

三口目では、ほとんどテーブルに這いつくばるほどに低くなった。

担々麺のヒリヒリとヌルヌルとヌメヌメの赤泥沼が、この青年の理性を狂わせ、獣へと変異させていったものと思われる。

このように青年は赤泥沼に狂喜するのである。

日本の伝統的な汁物の一つにお澄ましがある。お澄ましはお清汁とも書き、とにもかくにも〝清く澄んだつゆ〟で、昆布やかつお節のかすかな出しの味を味わうものだ。

一方にお清汁、一方にピリ辛赤泥沼、いずれにしてもこの青年はもはやお清汁の微妙な味を楽しむことは不可能となったのである。

いまラーメンのほうは〝スープ〟、担々麺は〝汁〟と書き分けたが、担々麺の赤泥沼はスープとはとても言い難い。

担々麺の元の姿は辛味噌ダレというタレをまぶしたものであった。

汁が濃厚化したものがタレとも考えられ、タレを薄めたものが汁と考えると、担々麺はその生い立ちから考えてもやはり汁ということになるのではないか。

そうは言ってもタレと汁の違いは微妙で、その違いを誰《たれ》か知る。

このように担々麺の歴史は液状化、多汁化、水面上昇の歴史であった。

担々麺がそうであったように、こうした液状化現象はこれからも食べ物の世界にこれまでにも増して蔓延していくにちがいない。

いままで中途半端なつゆの量でとまどっていた冷やし中華の水面は、一挙に上昇するにちがいない。

スープ天丼、スープうな重、スープちらし寿司などもいずれ出現するはずだ。

（『パイナップルの丸かじり』所収「担々麺における液状化現象」）

隠せないタンメン愛

メリもハリもないけれど

（かつては、かなりしょっちゅう食べていたのに、そういえばこのところ全然食べてないなあ）

という食べ物がありませんか。

よく思い起こしてください。ホラホラたくさんあるでしょう、ここんとこすっかりごぶさた、という食べ物が。

ぼくの場合はタンメンなのです。

このところなぜか全然食べていない。このところもなにも、そう、かれこれ五、六年は食べていない。

なぜ食べなくなったのか、自分でもはっきりした理由が思い当たらない。

いろんな人に聞いてみても、

「そういえば、タンメン全然食べてないなあ」

と言う人が多い。

かつてはラーメンとタンメンはほとんど同格で、「エート、きょうはラーメンにしようかな、それともタンメンにしようかな」と必ず迷ったものだった。

いまはそういうことはまずない。

タンメンという発想すら湧いてこない。迷わずラーメンを注文している。

いわゆる中華そば屋の壁のメニューには、まず冒頭にラーメンがあり、その次には必ずタンメンが記されていたものだが、最近ではタンメンがはずされている店も多い。その代わりに、サッポロラーメン、塩ラーメン、コーンバターラーメンなどの文字が並んでいる。

かつては、ラーメンと共に中華麺界の二大勢力として君臨していたとは思えないほどの落莫ぶりである。一方のラーメンは、いっそうその人気が高まっているというのにこれはどうしたことだろう。

タンメンは、なぜ衰退したのだろうか。

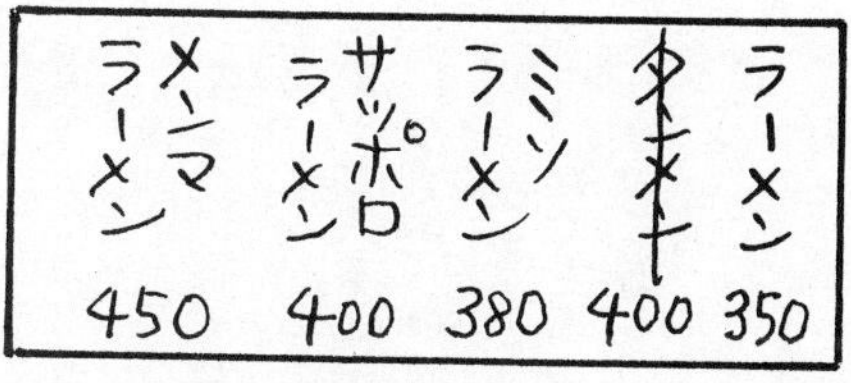

何か悪いことをしたのだろうか。

人々のヒンシュクを買うようなことをしでかしたのだろうか。

そう思って、ぼくは久しぶりにタンメンを食べに行った。

タンメンは何ひとつ悪いことをしていなかった。

昔の姿そのままに、キャベツと白菜とモヤシと人参と木クラゲと、豚肉の小さなこま切れを麺の上にたっぷりのせ、静かに湯気をあげていた。

突然たずねて行ったぼくを、怨むでなく、なじるでなく、昔の姿のまま、たくさんの湯気と、たっぷりのスープと、ゴマ油の香りさえ漂わせてもてなしてくれたのである。

（野菜をとらにゃいけんよ）

と、優しい言葉までかけてくれたのである。

（わるかった）

ぼくは湯気にむせびながら、永い間の無沙汰をわびた。

タンメンの魅力は、たっぷりの野菜にある。

キャベツもモヤシも、的確に火は通っているのだが、歯ざわりがシャキッとしている。

そうしてさっぱりしている。野菜もスープもさっぱりしている。

　ここのところが、濃厚化の傾向にある時代の風潮に取り残された原因かもしれない。

〝丼のフチぎりぎりまで注がれた熱いスープ〟もタンメンの魅力である。

　ちょっと傾けるとこぼれそうな丼をカウンター越しにうやうやしく受けとり、「アチチ」なんて言ってカウンターの上に置く。

〝もうもうと大量に立ちのぼる湯気〟が頼もしい。

　湯気の量はラーメンの数倍である。湯気ではラーメンに勝っているのだ。

　野菜の下の麺をほじくり出すと、湯気はいっそう立ちのぼり、ここのところでたいていの人はむせて咳きこむ。咳きこむところもタンメンの魅力である。

　掘り出した麺は、タンメン特有のぬめりと、蒸れた感じがあり、口に入れるとラーメンとは違ったモチモチしたモチモチ感がある。

　ラーメンと同じ麺、同じスープを使っているはずなのにここのところが不思議なところだ。

　タンメンは身なりが貧しい。

　見かけが貧相である。

　上から見おろすと目につくのは野菜だけである。その野菜も、モヤシと白菜とキャベツという色感に乏しいものばかりだ。わずかに人参の赤が多少の彩りを添えているが、この身なりの貧しさも衰退の一因かもしれない。

いつ頭をあげていいかわからずさげたっきりで少し疲れてきたおばさん
タンメンにはおばさんがよく似合う

そして主役がいない。

ラーメンのほうは、焼き豚、シナチク、ナルト、のりと、メリハリが効いているのだが、タンメンのほうはメリもハリもない。

だからタンメンは、食べ始めから終わりまでペースが少しも変わらない。

淡々と食べ始め、淡々と食べ進み、淡々と食べ終わってしまう。まさに〝淡麵〟である。

つまりヤマ場がないのだ。

ラーメンのように「このへんで焼き豚をひとかじりするか」とか「ではシナチ

ク一本いきます」などの句読点、ヤマ場がいつまでたってもやってこない。

頭を下げたっきりにして、野菜を食べ麺をすすり、スープを飲み、また野菜を食べ、スープを飲み……と息つくヒマさえなく、いつ顔をあげたらいいのかさえわからず、首が次第に疲れてくるし、少し空しい気持ちもしてくる。

豚コマの小片に
目を細める
井上さんで
あった

こうした事態を防ぐために、ぼくとしては、〝豚コマ遭遇時首あげ運動〟というのを提唱したい。

タンメンには、豚肉の細片が入っているのだが、この脂身の多い小さな肉片が実においしいのだ。

タンメンを食べていてこの肉片が口の中に入るとぞくぞくするほどうれしい。

この喜びを祝福すると共に、首をあげて首すじに休息を与えるのである。

ラーメンは麺とスープが対等だが、タンメンのスープは明らかに麺より地位が低い。やや乳くさいようなタンメンのスープは、わるくはないのだがスープとして味わうには少し物足りない。

そこでほんの少し醤油をたらしてみよう。味が一変するはずだ。

ぼくは〝ほんの少し醬油をたらした一帯〟というのが好きだ。醬油を少したらし、かきまわさず、他の地域に散っていかないうちに麵とスープをすする。実においしい。

その他に〝ラー油をたらした一帯〟や〝酢をたらした一帯〟を時に応じてつくり、それぞれの味を楽しむ。

この〝たらした一帯運動〟というのも大いに提唱したい。

いろんな運動を提唱して、衰退しつつあるタンメンに何とかしてカツを入れたいと思っているのである。

見た目を派手にするために焼き豚の導入ということも考えているのだが、これはラーメン配下の力を借りるということになり、そうなると、かつてのライバルに膝を屈することになる。タンメンにだって意地はあるはずだ。そのへんの面子《メンツ》をどう立ててやるか、目下考慮中である。

(『キャベツの丸かじり』所収「タンメンの衰退」)

名もなき野菜、名もなき肉片

いま〝ブレない人〟の評価は高い。

どこもかしこも〝ブレる人〟ばかり。

朝言ったことと、夕方言ったことが大違いであっても恬《てん》として恥じない。

〝ブレない人〟は絶滅危惧種となった。

〝ブレない人〟の評価は高くなるばかり。

〝ブレない人〟すなわち信念を曲げない人、筋を通す人、目先の利益で動かない人、こういう人は人に信用される。

信用され、尊敬され、支持される。

会社だったらどっちが出世するか。

「そりゃ、もう、ブレない人に決まってまんがな」

名もなき野菜たち
名もなき肉片たち
ブレない人か？
ただの無策の人か？

と誰もが思う。

そう思って、改めて自分の会社の出世街道を走っている人たちを見てみると、意外や意外、ブレる人、信念を曲げる人、筋を通さない人のほうが出世する場合が、多い、とまでは言わないが、けっこういる、とは言える。

会社の出世の話を書こうとしているわけではない、これからラーメンとタンメンの話をしようとしている。

日本におけるラーメンとタンメンのこれまでの消長を見てみよう。

「ＡＬＷＡＹＳ　三丁目の夕

日」あたりの時代から見てみよう。

いまからおよそ五十〜六十年ぐらい前、街にオート三輪が走っていた時代。あのころの人々は、いまの人のようにラーメンにそれほどの関心を持っていなかった。

ここに当時の町の中華屋の出前用のメニューがある。

古ぼけて、ところどころ文字がかすれているが、ぼくが大切に保存していたものだ。

メニューは「麵の部」から始まる。

ラーメン、ワンタン麵、タンメン、上海《シャンハイ》焼きそば、チャンポン麵、広東《カントン》麵、天津《テンシン》麵、五目中華そば、かた焼きそば、などが並んでいて、ラーメンもタンメンも、一群の麵の一員としてメニューの中に埋もれていた（天津麵とか広東麵とか懐かしくありませんか）。

ラーメンは、その埋もれていた無名の一員の中から這い上がったのである。

ラーメンとタンメンは当時は同格だった。

相撲でいえば平幕《ひらまく》同士だった。

それが今や片や大横綱、そしてもう片っぽうは……エート、どのへんにいるのか、どのへんにいるのかさえわからないあたりにいる。

平幕から横綱にまで昇りつめる、それは容易なことではない。

町の中華屋のメニューの中に埋もれて、ただボーッとしていただけでは横綱にはなれ

ない。

ラーメンは次から次へ手を打っていった。

最初に北海道から火の手を上げた。

札幌ラーメンの出現は衝撃的だった。

ウソ？　ラーメンに味噌？　ウソ？　ラーメンにバター？　ラーメンにコーン？

それまでラーメンといえば薄ぼけた醬油味と決まっていたところへ突然の味噌の導入。

スープだけで考えても、その後、塩、豚骨、鶏白湯《パイタン》、背脂チャッチャ系、豚骨と魚介のWスープ系、煮干し系などなど、次から次へと探求の目を絶やさなかった。

鰹節は枕崎の本枯れ節、昆布は羅臼《らうす》、煮干しは香川のカタクチイワシ、などと産地を誇示する店もあった。

話題も常に絶やさないようにしてきた。

横浜にラーメン博物館をつくって話題を集めた。

店名も各店、それぞれに凝りに凝る。こうまで無政府状態でいいのか、と思うほど乱脈を極める。

　いいですか、売ってる商品はラーメンですよ、なのに「悪代官」「無鉄砲」「インディアン」「山頭火《さんとうか》」「好人《すっと》来《こ》独恋《どっこい》」、どういう人脈で、どう説得して本人を納得させたのかわからないが、剣豪武蔵《むさし》を連れてきて「麺屋武蔵」。

　ここまで書いてきたのは、平幕だったラーメンの奮闘と努力の歴史である。

　あらゆる手を使って、打つべき手はすべて打ってなりふり構わず最上位にまで昇りつめた。

　あらゆる手を使って、ということは、最初の信念を曲げて、ということである。

　筋を通す、なんてことは考えもしなかった、ということである。

　すなわちラーメンは〝ブレる人〟だったのである。

　ブレにブレてブレまくった人である。

　ウーン、やっぱりそうか、と思った人は多いと思う。

　まさにウチの会社のアイツだな、と思った人は多いと思う。

　一方……。

　平幕同士だったタンメンのほうはどうか。

　タンメンはブレなかった。

最初に麵の上に炒《いた》めた野菜をのっけて、そのあと何にもしなかった。ラーメンが奮闘している間、ずうっと頭の上に野菜をのっけたままだった。

やるべきことはいくらでもあったと思う。

スープ一つとっても、味噌という手もあったはずだ。

背脂チャッチャタンメン、という手もあった（おいしそうだけどナー）。

あの、肉ともいえない、名もない豚肉の肉片を、イベリコ豚にして高級化する、という道もあった。

だがタンメンは最初の信念を曲げなかった。

最後までブレなかった。

ラーメンとタンメンはどっちが偉いのか。

言えるのは、人生ってむずかしいナー。

（『焼き鳥の丸かじり』所収「タンメンはブレず」）

悲劇の全身タンメン人間

きょうのお昼はカレー、とか、かつ丼、とか決めた瞬間から、体のほうもそれに対応した態勢になっていくような気がしませんか。

たとえば目の前に梅干しがあって、これからその梅干しを食べようとすると、まず口の中が酸っぱくなって自然に唾液が分泌しはじめる。

それと同じように、かつ丼ならかつ丼と決定すると、舌はかつの表面のザラザラを予知してその対応策を練り始め、歯は豚肉をかじる下準備にとりかかり、ノドなんかも、それらが入り混じってオレんとこを通過するわけだな、と、それなりの心づもりをする。

あ、そうだ、オリンピックの場合を考えるとわかりやすい。

開催決定となれば、まず道路づくりから始まり、立ち退き交渉、宿舎の建設というふうに国内のあちこちが動き始める。

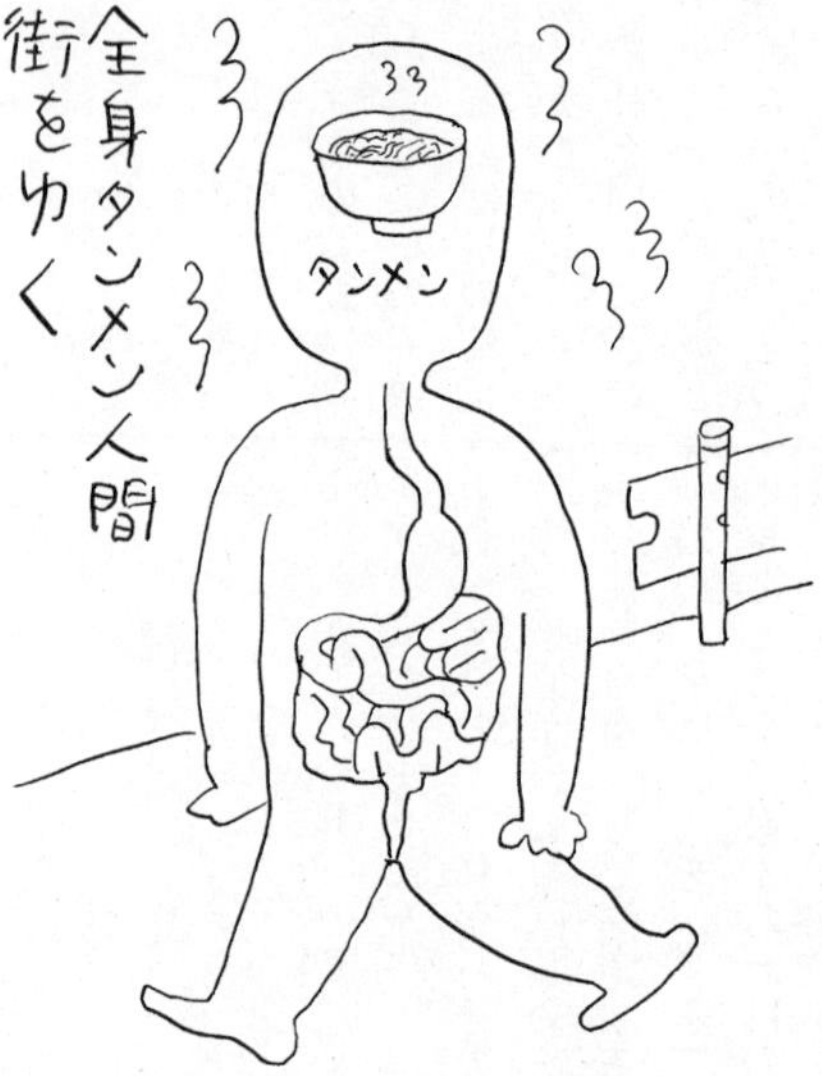

つい先日、「きょうのお昼はタンメン」と決めて、「タンメンならこの店」と決めている店に出かけて行った。
その店はぼくの仕事場から歩いて七分ほどのところにあり、老夫婦二人だけでヨタヨタと心もとなくやっているのだが、タンメンは申し分なく旨い。
そういえば半年ぐらいあの店のタンメン食べてないな、と思いながらテクテクと歩いて行ったのだが、その七分の間に、体のほうも〝タンメン開催〟に向けて、各所が下準備を行っている様子がうかがえるのだった。
「タンメンまもなく行くよ。ス

ープ熱いよ、フーフーね、フーフーんとき湯気モーモーでムセムセでケホケホね、もやしシャキシャキね、麺モッチリをズーズルズね」

という指令がウエからいく。

舌、歯、ノド、胃の順に通達されていき、小腸なんかも、じき忙しくなるな、と思い、大腸も、肉なんかと違って麺だから仕事はラクだな、と思い、肛門は、通過はずっとあとだから、と、とりあえず楽観し、ウチは今回は関係ないな、と睾丸は思う。

見なれた店の前に到着。

見なれた手押し式の手動のドアを向こうに開け、ドアのすぐそばの見なれたカウンターにすわる。

すわって「タンメン」と言おうとして厨房の中を見ると、いつもの老夫婦はおらず、代わりに二名のオバサンが忙しそうに働いている。

「……？」

となってカウンターに置いてあるメニューを急いで見ると、ゲーンハーレイ、カオマンガイ、カオソイ、ホイトートーなどの文字が見える。

うろたえて店内を見回すと、カウンターとドアこそ前と同じだが、テーブルも壁も天井も少しずつ変わっている。

壁には大きく「アジアのゴハンとカレーの店」の文字。

そうだったのだ。あの老夫婦はついに引退し、そのあとを別の人が、店内をちょっとだけ改装してこの店を始めたのだ。

注文を、とオバサンがそばで立って待っている。

タンメン開催中止。

急遽、別の大会を開催しなければならぬ。

身体各部と相談するヒマもない。

メニューの実物写真を頼りに、大急ぎでカレーらしきものを指さし、これ、と注文する。

あとでよく見ると、それはゲーンハーレイというものだった。

身体各部は大混乱に陥っているようだ。

建設しかかった道路をただちに現場から撤去し、新しい設計図を引き、それまでなかった〝辛さ対策〟も立てなければならない。

それでも現場は健気にも納得してくれ、

「よし、わかった、カレーだな、それも東南アジア系のカレーだな、多分タイカレーみたいなものだな。そうすっとドロッとしたやつではなくサラサラ系のカレースープたっぷしだな、スプーンですくってゴハンにかけるとサーッとしみこんでいくタイプだな、よーし、わかった」

と準備OKのサインを出してくれたのだった。

カレーにしてはずいぶん時間がかかるな、と思い始めたころ、ようやくゲーンハーレイが到着した。

これが思ったようなカレーではなかったのである。

重ね重ねの不手際。

身体各所、睾丸以外の各現場に、いくら詫びても詫び足りない不始末である。

ゲーンハーレイの実態は〝豚肉のカタマリのカレー煮〟とでもいうようなもので、大きなカタマリの豚肉が七個、その下のほうにほんの少しだけドロッとしたカレーソースが見える。せっかく現場が、サラサラしたカレーソースがゴハンにしみこんでいく様子までシミュレーションしてくれたのに、またしてもそれを裏切ってしまったのだ。

そもそもスタートはタンメンだったのだ。

タンメン受け入れ態勢をつくりあげ、各所に指令し、指令が行きわたったところで急にサラサラカレーになり、大混乱の中にも現場各地を納得させ、不承不承《ふしょうぶしょう》ながら納得してもらったところへ今度は豚肉のカレー煮になったからよろしくだと？

仕事場に帰ってきてゴロリと横になってからも、ゴロゴロという現場（お腹）からの非難の声がいつまでも続くのだった。

（『おでんの丸かじり』所収「タンメン受け入れ態勢の行方」）

冷やし中華を科学する

「始めました」に見る無気力

食べ物から季節感が失われた、といわれるようになって久しい。
いまが旬、という言葉もあまり聞かれなくなった。
そうした風潮のなかで、唯一、季節感を保っているのが冷やし中華だ。
ラーメン屋で「冷やし中華始めました」の貼り紙を見ると、
(そうか、ことしもそういう季節になったのか)
の思いを新たにする。
冷やし中華はまさにいまが旬。
冷やし中華は真夏に食べるよりいま(七月初め)のほうがおいしい。
カッと照りつける真夏の暑い日より、ちょうどいまのような、少しジメジメしていて
蒸し暑い日に食べるとおいしい。

字にも
元気が
ない
冷やし中華
始めました
いちおう
貼っとくけど

酢の刺激的な味と匂いが、湿った空気をふり払ってくれるのかもしれない。

ところで「冷やし中華始めました」という言い方、ずいぶん消極的だと思いませんか。

「始めました」のところに、店主の一歩引いた姿勢が感じられる。

いよいよ冷やし中華の季節だ、さあ張りきって作るぞ、という姿勢は見えてこない。

「冷やし中華スタート！」

のほうがずっといい。やる気を感じる。「始めました」だと、

「どうしても食べたいなら作るけど」

と、ちょっと嫌がっているようなところが見える。

ここで話が急転換するのだが、プロ野球やサッカーの選手たちが、インタビューを受けて、何か一言二言しゃべったあと、

「応援よろしくおねがいします」

と言ったりするが、ぼくはあれ、大嫌い。

へりくだる、というか、下手に出る、というか、商人の、

「ヘイ、まいどごひいきに、ヘイヘイ」

のように「ヘイ」が似合う言い方で、

「ヘイ、応援よろしくおねがいします、ヘイヘイ」

と言ってるのと同じではないか。

ラーメン屋のおやじさんを見習いなさい。

「冷やし中華始めました。応援よろしくおねがいします」

などと書くおやじさんは一人もいないぞ。

ラーメン屋のおやじさんが冷やし中華を作るのを嫌がっているのではないか、という推測の根拠はいくつかある。

行列のできるような評判店のメニューに冷やし中華はまずない。

そういう店で「冷やし中華ありますか」なんて訊こうものならただちに追い出される

はずだ。

冷やし中華には、これがほんまもんの冷やし中華だ、という基本形が曖昧なので熱の入れようがない。

本業のラーメンのほうは、スープは九州のどこそこの鰹節とアゴ出しで、昆布は日高で、麺は北海道のハルユタカという小麦粉を使って、というような論議がなされるが、冷やし中華ではそういうような話はいっさい出てこない。

冷やし中華でビールを飲むことはときどきある。

ここで問題になってくるのは具の盛りつけ方である。

盛りつけの基本は神田神保町の「揚子江菜館」の富士山を模したものだ。

ハムを一本一本、きゅうりを一本一本、一分のすき間なく丁寧に並べてある。

適当に手を抜いて具を並べてある冷やし中華だと、ビールのつまみにハムを気軽につまみあげたり、クラゲを引っぱり出したりできるが、「揚子江菜館」タイプだと抵抗がある。

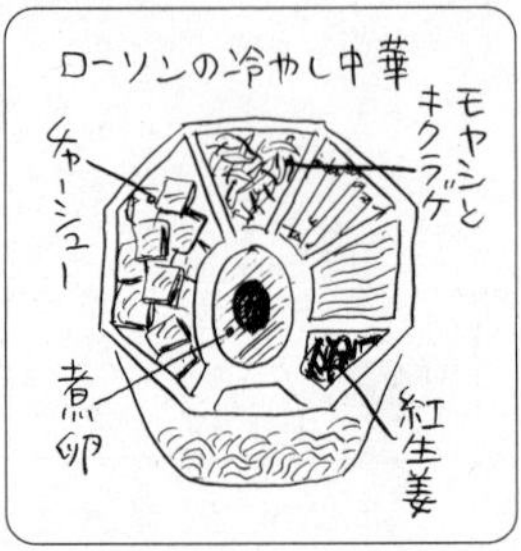

抵抗があっても、結局そこからいろんなものを引っぱり出さねばならないわけで、引っぱり出すとき、なんだか盗み出しているような気持ちになる。

本来冷やし中華家所蔵のものを、隣の家の者がスキを見ては盗み出して盗み食いをしている、そんなことして恥ずかしくないのか、なんて思いながらビールを飲んだりするのはつらい。

そこで考えられるのは具の別盛りである。

具を別の皿で出す。

これだとかなり抵抗が薄れる。

盗み食いから少し出世して万引き食いぐらいの心境になる（出世してないか）。

具は別盛りで、麺のほうはツユにひたっているのと、ツユも別の器でつけ麺方式という店もある。

具を麺に盛りつけるのと、別盛りとどっちが好ましいか。

不思議なもので、別盛りを食べているといっしょ盛りが懐かしく、いっしょ盛りを食べていると別盛りで食べたいな、なんて思う。

冷やし中華界に新風をもたらしたのがコンビニの冷やし中華だ。

コンビニの冷やし中華は基本的には別盛りだ。

プラスチックの丼状の容器にツユの袋と麺が入っていて、その上にフタ状の容器がかぶせてあってそのフタの凹凸の一つ一つに具が入っている。

その上に本物のフタという仕組み。これを食べるとき、みんなはどういうふうにして食べているのだろう。

ぼくの場合はいつも迷いに迷う。

容器の中ブタとしての具入れの皿をそのままわきに置いて別盛りで食べるかハムやクラゲやきゅうりを麺の上に自分で盛りつけていっしょ盛りで食べるか。

その場合、「揚子江菜館」風に徹底的に丁寧に盛りつけるか。

それに準ずる盛りつけにするか。

ゴチャゴチャ雑然盛りでいくか、いつも一分ぐらい悩んでいます。

(『ゆで卵の丸かじり』所収「いまが旬、冷やし中華」)

冷やした人は誰なんだ？

その昔、冷蔵庫があまり普及してないころは〝冷やす〟ということに大きな価値があった。

酒屋では、冷やしたビールを〝冷やしビール〟と称して冷やし賃を取った。

飲食店では〝冷やしサイダー〟、定食屋には〝冷やしトマト〟なんてものもあった。

しかし、この〝冷やし〟という表現、ちょっとヘンだと思いませんか。

たとえば冷やしトマト。

トマトを主体に考えれば、冷えたトマト、すなわち〝冷えトマト〟が正しい。なのに、わざわざ〝冷やし〟と表現するのは、そこに〝冷やした人〟を想起させようとするためなのである。

じゃあ、冷やした人は誰なんだ、ということになり、そこで定食屋のオヤジがまかり出て、「オレが冷やしたんだから金よこせ」と、こういう仕掛けになっているのである。

これまで述べてきた〝冷やし一族〟は、冷えているものと、冷えてないものが同じものである。

冷やしきつね、冷やしたぬきも同様だ。本家と分家は同じものだ。

同じ冷やし一族でありながら、冷やし中華だけが同じではない。

というより、冷えてないほう、すなわち本家がない。〝熱い冷やし中華〟がない。

本家がないので本体がよくわからない。店によって、実にもう様々な様態の冷やし中華を出す。

一体、冷やし中華の基本型はどんなものなのか。

冷やし中華を考案したのは、「揚子江菜館」（神田）の二代目店主・周子儀氏ということになっている。

そこで、この暑いのに、わざわざ神田まで、汗を拭き拭き出かけて行った。

まず、その盛りつけの端麗さに驚かされる。まるで城のようだ。

皿のまん中に麺を盛り、その全域をぐるりと具が取り囲む。

具におおいつくされて麺が見えない。

周辺はシルのお堀だ。

専守防衛。

ラーメンライスは成り立つが
冷やし中華ライスは成り立つだろうか？

主君、麺を守る守備隊の面々。

麺を守る面々は、▼エビ▼チャーシュー▼錦糸卵▼糸カンテン▼キュウリ▼シイタケ▼キヌサヤ▼タケノコ▼肉団子▼ウズラ卵の面々。

なぜか定番の紅生姜がない。

「ウーム、これが冷やし中華の原型か」

原型はよくわかったが、食べ方の基本がわからない。

冷やし中華はどう食べるのが正しいのか、自信を持って言える人はいまい。

ラーメンだって正しい食べ方というものはないが、誰でも自分の流儀に自信を持っている。

「自分はまずスープをすするであります。次に麺を二口すするであります。次にシナチク一本噛み噛みであります。続いて麺、スープ、麺といって、ここでチャーシュー齧《か》じ齧《か》じであります」

シルを飲もうとしたら
全部が押しよせてきて
困っている人

というような、他人はどうあれ、自分流に自信を持っている。

冷やし中華には自分流さえ確立されていない。

この〝専守防衛〟には、ほじるという手段で対抗するよりほかはないのだが、どこからほじり始めたらいいのか。

チャーシューのところか、キュウリのところか。

自信がまるで持てない。

思いあまって、一挙転覆、という手段も考えてみたりする。

なんとなく、チャーシューのあたりが正面玄関のように思えたので、そこのところを少し排除して麺をほじり出す。

冷やし中華の麺というものは、どういうものか複雑にからまっていて、ほんの少しだけ引きずり出そうとすると全員がいっぺんに出ようとする。

全員玉砕、そういう気持ちもわからないでもないが、そこをなんとか説得して一口する。

甘い。かなり甘い。しかし旨《うま》い。

中華麺独特のモチモチした麺の表面に、酢と砂糖と醬油とゴマ油のシルが、まるで塗ったようにまぶされていて、麺と酢と砂糖と醬油とゴマ油の、口中の按配がまことによい。

そこにちょっぴり混ぜたカラシがときどきツンときたり、酢もときどきツンときたりして、この酢ツン、カラツンはどういうわけか相性がいいようだ。

夏はやっぱり冷やし中華。

それにしても、冷やし中華にのっかっている具の面々、あれって邪魔だと思いませんか。

それに麺に合わないものが多すぎる。

主君を思っておおいかぶさっている気持ちもわからないではないが、ミスキャストが多すぎる。

まずキュウリが合わない。

ああいう硬直してパキパキした歯ざわりのものは、麺にはどう考えても合わない。

ハムも歯ざわりが合わない。

クラゲを盛りつける店も多いが、クラゲも合わない。

チャーシューも味が濃すぎて合わない。

なんだか合わないものばかりわざと選んでいるような気さえする。

他の連中はともかく、キュウリだけは即刻やめてもらいたい。

国民投票でもいいし、取締役会で緊急動議を出して、起立多数で追放という手段でもいい。

だいたい具が多すぎる。
具が多すぎて作業場が狭くなって作業がしづらい。
冷やし中華の麺を食べるには、まず麺をほじり出し、それにほんの少ししかないシルをやりくりしてまぶし、そこに少量のカラシを混入させ、紅生姜の一本も添えるという作業が必要だ。具が多すぎるために作業場が狭くなっているのだ。
冷やし中華の具は、錦糸卵と蒸し鶏ぐらいあればそれで十分だ。

冷やし中華のたれにひたした錦糸卵は意外においしい。蒸し鶏も合う。

それから一口だけでいいから、最後にシルを飲みたい。

それにしても、冷やしラーメンではなく冷やし中華という言葉、すごいと思いませんか。

何にも知らない外人かなんかが、生まれて初めてこの文字を読んだら、

「ウーム、なるほど。中華人民共和国全土を冷やそうという壮大な計画だナ」

と思うにちがいない。

（『伊勢エビの丸かじり』所収「冷やし中華はこれでいいのか」）

全国民に告ぐ！　ツユダボという新発見

ラーメン屋で冷やし中華を食べていて、

「もし、このツユがたっぷりあったら」

ということをふと考えた。

もし、このツユがラーメンと同じくらいダボダボであったら……。

ふつうのラーメンのように、ときに麺をすすり、ときにスープをすする、そういう食べ方で食べてみたい。

冷やし中華は食べ終わったあと、ごく少量のツユが皿の中に残る。

「これ、ちょっとすすってみたいな」

と思った人は多いはずだ。

「だけどこのツユ、飲んでもいいのかな」

と思った人も多いはずだ。

冷やし中華のツユは飲んでもいいのか、いけないのか。

飲んだら下品なのか、かえって上品な人という評価を受けるのか。

冷やし中華は戦後間もないころに発生したといわれている。

当然、もうそろそろ、「飲んでいい」、あるいは「絶対に飲んじゃダメ」、あるいは「大いに飲め」などの正解が冷やし中華当局から発表されていなければならないのに、当局は依然沈黙したままだ。

大勢は「飲む人下品」というところに落ちついているようだ。

しかし一般大衆の本音は、「飲んでみたい」という方向にある。

冷やし中華のツユを飲んでみたいという願いは、いまや人類共通の悲願となっているのだ。

〝冷やし中華のツユを飲む人は下品〟の評価はどこから来たのか。

冷やし中華が皿に盛られているからである。

皿の上に富士山の山容のように盛られているからである。

ラーメン屋で冷やし中華を注文し、まずスープを一口、と思った人は、両手で皿を高く持ち上げ、皿のフチに口をつけ、皿の向こう側を徐々に高くしていかなければならない。

そうすると、ある瞬間、富士山は一挙に手前側にくずれ、顔面及びスーツの両肩、及びヒザ等に、ハムやキュウリや錦糸卵やカラシや麺やツユを浴びることになる。

このことを防ぐために、全部食べ終わってから残ったツユを飲もうとした人はどうなるか。

残ったツユを飲もうとして皿を持ち上げ、皿のフチに口をつけ、皿の向こう側を徐々に高くしていった人は、口の両はじからツユが少しずつこぼれ落ち、アゴをつたい、首をつたい、ヘソをつたってパンツに到着したあたりでようやくそのことに気づくことになる。

それもこれも、みんな皿に盛ってあるせいなのだ。

もしこれを丼に盛ったらどうか。

問題は一挙に解決するのだ。

皿にこだわる必要などどこにもないではないか。

ツユちょっぴりにこだわる理由もまったくないのだ。

全日本冷やし中華改革推進連盟理事長のわたくしとしては、まずこの二点を改善したい。

物の本によると、冷やし中華は神田神保町の「揚子江菜館」の二代目店主周子儀という人が創案したものだという。

なにしろ創案であるから、どのような選択肢もありえたのだ。ツユたっぷりという選択肢もあったし、皿ではなく丼という選択肢もありえたのだ。丼でツユたっぷり、麺ズルズル、ツユゴクゴクの冷やし中華は果たして可能なのか。思い悩んだ理事長はとりあえずスーパーに出かけて行った。

理事長は生麺のコーナーの前に立った。そこで二食入りの「手もみ風もみ打ち冷し中華」シマダヤ製を購入した。

その袋に「たっぷりスープ」の文字が見えたからだ。

それを持ち帰った理事長は、とりあえず「たっぷりスープ」二袋を丼にあけた。

そこへ飲める濃さに薄めるためコップ一杯の冷水を注いだ。

それから生麺一個を、袋の指示どおり茹で、冷水で冷やしたあとスープの入った丼にあけた。

具は冷やし中華用のハム、錦糸卵を用いた。キュウリも刻み、カラシも溶き、改革推進派ツユダボダボ丼入り冷やし中華は完成したのである。

問題はこんな簡略なやり方で、果たしてスープの塩加減、酢加減はいいのかという点である。

さあ、どうなのか。

一口すすってみる。

なんと、これですべてがピッタリなのであった。

酢入りのツユといっしょにすすりこむ麺がおいしい。

ツユちょっぴりの正式冷やし中華のときの麺ともちがい、ふつうのラーメンのスープといっしょにすすりこむときの麺ともちがう、全く新しい中華麺の味だ。

ゴクゴク飲むツユもおいしい。

水で薄めた冷やし中華のツユがこんなにおいしいとは思わなかった。

他社の二人前入りスープでも試したが「スープ二袋に冷水コップ一」でやはりピッタリだった。

全国民に告ぐ。

さあ、ツユダボダボの冷やし中華を食べよう。

ただ問題が一つだけ残った。

一袋二人前の、スープ二袋をいっぺんに使うわけだから麺が一玉残る。

食べれば食べるほどツユなしの麺が増えていく。

いま理事長はこの問題で悩んでいる。


（『昼メシの丸かじり』所収「ツユダボの冷やし中華」）

熱くして何が悪い！

冷やしきつねや冷やしたぬきが蕎麦屋の一般的なメニューになったのはいつごろからだろうか。

ぼくなどはきつねそばといえば、いかにも熱そうなそばつゆの中にいかにも熱そうな油揚げ、その下にいかにも熱そうなそばが沈んでいて、それをフーフー吹きながら食べるというイメージでやってきたので、どうしても冷やしきつねにはとまどいを覚える。

蕎麦屋のメニューには、同じそばを熱いのと冷たいのと両方出すものがいくつかあって、その典型的なものが盛りとかけだ。

だからきつねそばも、熱いのと冷たいのがあっても不思議はないのだが、冷たいほうにはどうもなんだかなじめない。

冷やしきつねを目の前にすると、

「冷やしきつね」
外国の人はたぶんこういうことを想像すると思うな

「キミのその姿は本来の姿ではないよね、ね、そうだよね、キミ自身もそう思ってるよね」

と、しつこく語りかけたくなる。

冷やしきつねのどういうところになじめないのだろうか。

こういう言い方はどうなのだろう。

食べ物には湯気が似合う食べ物と、湯気が似合わない食べ物とがある。

きつねそばには湯気が似合う。

「そばと油揚げとつゆから湯気が立ちのぼってこそキミらしい」

冷やしきつねには湯気が似合

わない。

あ、いや、似合うも似合わないも、冷やしきつねにはもともと湯気が無いのだから論理的にヘンか。

冷やしきつねにはキュウリなんかも添えてあり、ワサビもちょこっとのっていて、いかにも清涼感があって決してまずくはないのだが、一帯の空気が沈滞しているというか、元気がないというか、あ、そうだ、機嫌がわるいという言い方はどうだろう。

深い丼ではなく、深目の皿のようなものに入れられ、つゆもたっぷりではなく中途半端な腰湯の状態で、ふと見ると隣にふだん見かけないキュウリなんぞがいる。

なんだか居心地がわるいので機嫌がわるい。

油揚げも機嫌がわるい。

熱いつゆの中に、ゆったり、のびのび、柔らかくくつろいでいるときと表情が違う。

表情がゴワゴワしている。

麵も油揚げもつゆも、ここにいるのは不本意、という表情だ。

〝冷やし〟という呼び名も気に入らないようだ。

「冷やしきつね」は「きつねそば・冷製」という意味だから、本来は「冷たいきつね」でなければならないのに、あえて「冷やし」を選んだ真意は何か。

そこんところにも「冷やしきつね」は疑問をもっていると言われている。

ふつうのきつねと冷やしきつねでは、冷やしのほうが値段が高い店が多い。

なぜ高いのか。

店側としては、「冷たいきつね」ではなんとなくお金を取りにくい。

一方、「冷やし」は「冷やした」という意味であるから、こうなってくると、では誰が冷やしたのかという問題が浮上してくる。

客が冷やしたわけじゃないだろう、何かと忙しい経営者としてのわたしが、わざわざひと手間かけて「冷やした」わけであるからして、ここは当然冷やし賃をいただくことになる。

そういうメッセージが、「冷やし」の「やし」のところに込められているのだ。

そういう経営者の心根も、冷やしきつねとしてはたぬきともども快く思っていないと言われている。

と、ここで勃然とある考えがぼくの頭の中に浮かんできた。

とんでもない考えである。

世間に顔向けできない考えである。

ぼくの友人知己《ちき》、家族が、

「まさかあなたがそんなことをする人とは思わなかった」

とさめざめと泣くような、反社会的ともいえる行為である。

その考えとはこうだ。

本来熱くして食べるものであるきつねそばを冷たく冷やして食べてもいいということであれば……いいですか、ここからが大変なことになりますよ……本来冷たくして食べるものである冷やし中華を熱くして食べてどこが悪い！

論理的に一点の乖離《かいり》もないこの論法に反論できる人はいるだろうか。いませんね。では製作に取りかかります。

コンビニで、プラスチック容器に入っていて、すぐそのまま食べられる冷やし中華を買ってくる。

上段の具をすべて麺の上にあける。

もちろんキュウリもあける。

つゆを上からかける。

あ、辛子の袋は出してくださいね。

電子レンジに入れて三分。

さあ、どうなったか。

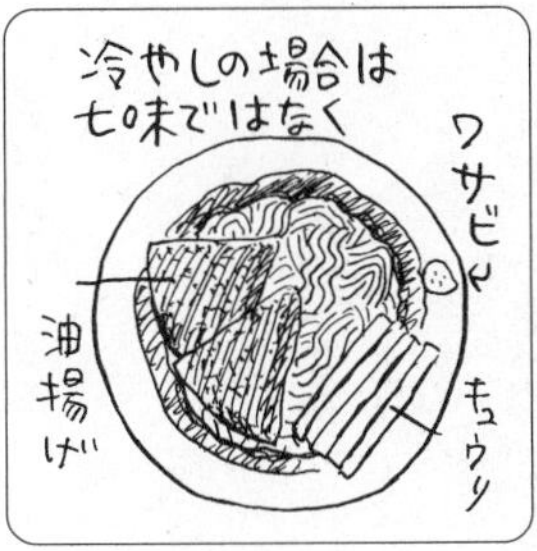

冷やしの場合は
七味ではなく
ワサビを
キュウリ
油揚げ

最初に驚くことは、冷やし中華からモーモーと湯気が上がっていることである。

そうか、こういうことになるのか。

箸を差し入れてフーフー吹く。

そうか、冷やし中華をフーフー吹くことになるのか。

問題は味だ。結論を言います。

旨い。

一口すすりこんだとたん、あ、これはこれまでの生涯で一度も味わったことのない種類の味だ、と思い、甘くて酸っぱくてしょっぱくて、あ、これはちらし寿司の味だ、麺で作ったちらし寿司だ、と思い、ぜひ全国の皆さんにも味わってほしい、と思い、でも、たぶん誰もやってみないだろうな、と思ったのでした。

（『メロンの丸かじり』所収「冷やしきつね論」）

麺と日本人

わが敵アルデンテ

知っていますか、リーマンパスタ。

リーマンというのは、サラリーマンのサラを略してリーマン。

つまりサラリーマン愛用のパスタ。

リーマンという言い方にはやや差別的な意味があり、女子高生などには、

「A子のカレ、リーマンだってよ」

「ゲ！」

というふうに使われており、そのリーマンに好まれているパスタであるから当然値段も安くて、ワンコインから千円まで。

いま、このリーマンパスタがサラリーマンの本場、新橋、有楽町あたりで大流行《はやり》だという。

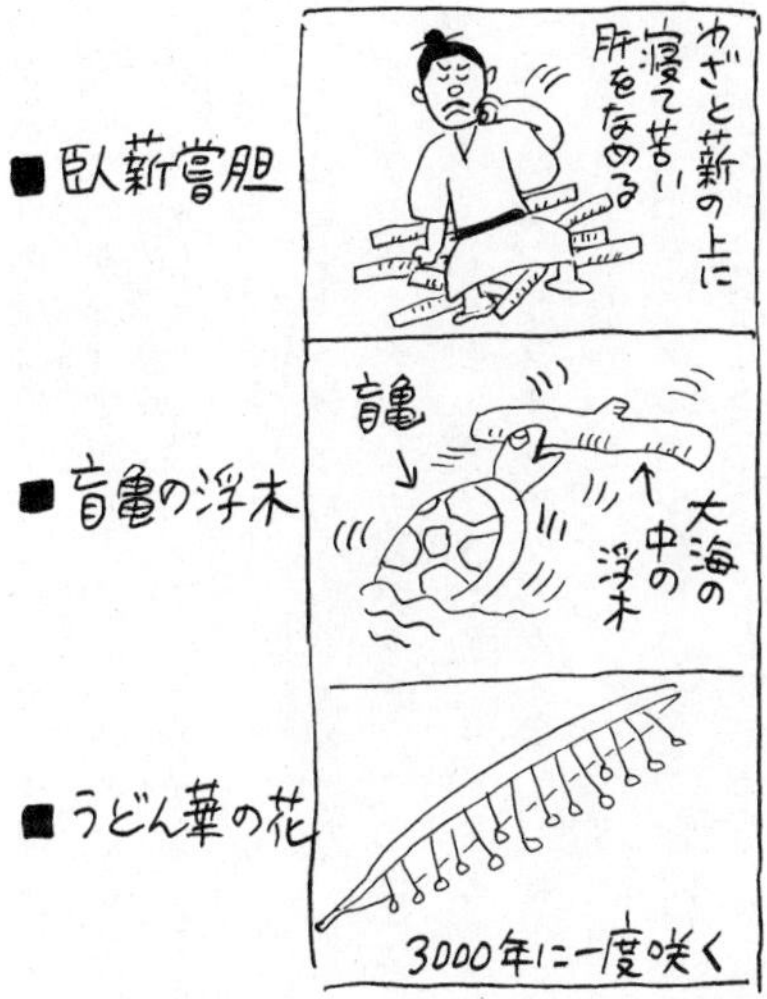
■臥薪嘗胆
わざと薪の上に寝て苦い肝をなめる
■盲亀の浮木
盲亀
大海の中の浮木
■うどん華の花
3000年に一度咲く

昼食どきは長蛇の列だという。

リーマンパスタは値段が安いだけではない。

もっともっと大きな特徴がある。

それは日本のずっとずっと昔のスタイルのスパゲティである、という点だ。

ずっとずっと昔のスパゲティとはどういうものか。

まずノンアルデンテということである。

いったん茹《ゆ》でておいた麺を、客に提供するときにフライパンで炒めて出す。

茹で置き麺を使う立ち食いそば屋方式をフライパンでやるわ

けだから、アルデンテなど望むべくもない。

この方式のスパゲティが、いまリーマンに大受けになっているのだ。

この話題はぼくにも受けた。

わが敵（理由は後述）アルデンテが無視されているというところが受けた。

ぼくのスパゲティ史をたどると、それはまさにこのノンアルデンテから始まっている。

そのころのぼくは学生で、アルデンテなどという言葉はこの世のどこにも存在しなかった。

そのころのスパゲティは、軽食も出す喫茶店とか、町の洋食屋で食べるものだった。

「イタリアン」などという言葉もまたこの世に存在しなかった。

少なくともぼくは一度も聞いたことがなかった。

その当時は、フォークでグルグル巻いて食べる食べ方を実行している人は、ぼくの周辺には一人もいなかった。

箸やフォークでグルグルなしのうどん食い、それを非難の目で見る人はいなかった。

それから時は流れた。街の姿も変わったし、人の姿も変わった。

バブルの時代がやってきた。

ぼくはすっかりオジサンになっていた。

フレンチという言葉といっしょにイタリアンという言葉も耳にするようになった。

スパゲティはパスタの一種である、というのもこのあたりで知った。

スパゲティの周辺は大変貌をとげていたのを、軽食喫茶育ちのオジサンたちは知らなかった。

このへんからオジサンたちの〝スパゲティにおける受難〟の時代に入っていくのである。

オジサンといえどもイタリアンに行く時代になっていた。

食べ歩きのグループ、などというものにも参加するようになる。

オジサン二名、若い人四名とグループでイタリアンに行ったときに悲劇は起きた。

オジサン二名はアルデンテなるものを知らない。

オジサンA（ぼく）「このスパゲティいやに硬いな」

「芯がある」

「生《ナマ》じゃないの、これ。厨房でもう一茹でしてもらおうよ」

このとき他の四名がいっせいに目を伏せたのをオジサンは知らなかった。

それ以後、オジサン二名はそのグループに呼ばれることはなかった。

それから時は流れた。

それ以後三十年、オジサン二名は忍従の三十年を過ごした。

屈辱の三十年でもあった。

アルデンテにどうしても馴染むことができなかったのだ。

アルデンテはどう考えても生《ナマ》であった。芯であった。

もう一茹でを厨房に命ずべきものであった。

だが、自分にとっての真実を申し述べることができなかった。

若い人が、

「オッ、このアルデンテ、まさにアルデンテ。麺の中心に髪の一本ほどの芯」

と感嘆すると、

「まさにそのとおり！」

と言いつつ顔はひきつるのであった。

苦節三十年。

ああ、ついにリーマンパスタが登場したのだ。

ノンアルデンテが評価される時代がやってきたのだ。

そのことは、リーマンパスタの店の前にリーマンが並んでいる、という事実で立派に証明されている。

並べ、リーマン、力強く、雄々しく、逞しく、並んでスパゲティの真実を叫べ、ぼくは狂喜した。

真実は勝つ、心配ないからね、最後に愛は勝つ、それでも地球は回る、ガリレオ・ガリレイもそう言った、エート、巌窟王のエドモン・ダンテスもそんなようなことを言ってなかったっけ、と、何しろ狂喜しているので言ってることがヘンになっているが、本人の心情をご理解いただいてご了承ください。

思い返せば虐《しいた》げられ、蔑《さげす》まれ、嘲《あざけ》られ、それに耐えぬいたこの風雪。

いまこそ臥薪嘗胆《がしんしようたん》、盲亀《もうき》の浮木《ふぼく》、うどん華《げ》の花。

もともとリーマンパスタのリーマンは、リーマンショックのリーマンとは何の関係もないのだが、「安いものに群がる」という点では少しは関係あるのかな。

（『バナナの丸かじり』所収「わが敵アルデンテ」）

ン？　チョコ焼きそば？

「ことしのバレンタインデーは、三年ぶりの平日なので、女性が上司や同僚らに配る義理チョコの需要が高まり、ことしの市場規模は前年比3％増の約1385億円と過去最大となるはず、と日本記念日協会が試算した」

というふうな記事が新聞に載っていた。

この記事を読んでぼくが注目したのは1385億円という金額ではなく、「日本記念日協会」。

あったんですね、こういう協会が。

一般社団法人日本記念日協会は、日本の記念日の認定と登録を行っている民間団体で、設立は一九九一年。

主な活動内容は、企業、団体、個人などによってすでに制定されている記念日、新し

く制定された記念日の認定と登録を行う。

行ってたんですね、認定と登録を。

と、改めて感心したところで、ここから先に書くことは、この協会とはあまり関係がないので、とりあえずこのことは忘れてください。

ぼくに関して言えば、バレンタインデーという日と縁が切れてからもう何十年という月日が流れている。

だから、1385億円の中の一円たりともぼくは関与してないということになる。

関与したいのだがどうしても関

与できないのだ。

バレンタインデーと言えばチョコレート。

義理チョコ、本命チョコ、友チョコ、マイチョコ、最近は俺チョコというのもあるらしい。

チョコレートさえ絡《から》ませれば、どんな商品でもバレンタインデーのギフト商品になる。

様々な会社が、考えつくかぎりの商品にチョコレートを絡ませてきた。

クッキー、ケーキ、和菓子、カステラ、ドーナツ、タルト、パン、センベイ……。

何とかして便乗したい、関係したい、まといつきたい、つけこみたい、あやかりたい、蚊帳《かや》つりたい（古いナ）……。

まさか、いくら何でも、こればっかりは無理だろうと思われるメーカーも恥も外聞もなく絡みついた。

焼きそばです。

焼きそばにチョコレートを絡ませた。

焼きそばと言えばプーンと匂い立つソースの匂いとソースの味。

あのソース充満の味の中へチョコレートを絡みつかせる。

無理が通れば道理引っこむ。

はたして道理は引っこんだのか。

まるか食品から「ペヤング　チョコレートやきそば　ギリ」が、明星食品から「一平ちゃん夜店の焼そば・謎チョコキューブ入りチョコソース」が発売された。

ここまで読んで、読者諸賢の眉と眉の間に二本のたてジワが寄ったのではないでしょうか。

ありえない、許せん。

誰が考えたって成り立つはずがない、旨いはずがない、と怒って席を立ってしまっては本文は成り立ちません。

ぼくの商売も成り立ちません。世間の評判は、「激マズ」とか「超マズ」「激怒」などの過激な発言ばかり。

ところがネットを見ると、ペヤングチョコ焼きそばが「１０７ｇ×十八個３２３６円」とも出ている。

「激マズ」で食べられなかったら、十八個をどうするつもりなのか。

ということは、ほどほどに旨い、という「ほど旨」の人もいるということなのかもしれない。

「ペヤング」のほうを買ってきました。

ふつうの「ペヤング」と同じ大きさの弁当箱タイプ。

フタのところに「ペヤングやきそば、チョコレート、とろ～りＳｗｅｅｔ、ギリ」などの文字が見える。

指示どおり、ソースとかやくの小袋を取り出し、熱湯を注ぎ、三分待って湯を捨て、ソースとかやくを混ぜる。

小袋のソースの中にチョコレートの成分が混ぜてある。

では、いよいよ食べてみます。

食べてみて、まずかったら、はっきりまずい、と正直に報告するつもりです。

曖昧なことを言ってお茶を濁すつもりは毛頭ありません。

ペヤングのチョコ焼きそばの箱から、今、さかんに湯気が上がっています。

掻き混ぜます。

おー、立ち昇るチョコレートの匂い。

そのわりにソースの匂いが少ない。

モサモサ、モサモサ、今、噛んでます。

あのですね、焼きそばといったら濃厚な味ですよね。

それが薄味。

チョコの味もソースの味も薄味。

大ざっぱに言うと甘じょっぱい焼きそば。

みたらし団子というものがありますね、あれにちょっと近い味で、みたらし団子にかける餡《あん》は砂糖の甘さだが、あの砂糖をチョコレートに代えたような味。

みたらし焼きそば、という表現をしてもいいかな、というような味。

ソースとチョコの双方が互いに強く主張しない、がっぷり四つに組むことなく、互譲の精神で歩み寄ったというような味。

結論。

特においしくもないが、特にまずくもない。

「そうくるだろうと思った」

という読者諸賢の冷笑が目に浮かぶ。

だけど、もし「特においしくもないが特にまずくもない」が、まっこと嘘偽りのないまっ正直な発言だとしたら、冷笑は失礼ぞな、もし。

（『バナナの丸かじり』所収「ン？ チョコ焼きそば？」）

外食でインスタントラーメン

「私作る人、ボク食べる人」

という論議がかつてあったが、一人暮らしの人がインスタントラーメンを食べる時に限って言えば、

「私作る人、私食べる人」

ということで誰もが納得していた。インスタントラーメンを他人に作ってもらってその作り賃を払って食べる人、というのはふつう考えられない。

なにしろインスタントラーメンはお湯さえ沸かせば誰でも作れる。

上手も下手もない。

もし、万が一、「インスタントラーメンを食べさせる店」が出現しても、たぶん誰も食べに行かないだろうな、と考えるのがごく一般的な考え方だと思う。

もしすでにあったとしても、店の中は閑散としているだろうな、と誰しも思うはず。

ところがどっこい、そうではないんですね。

そういう店はすでにあって（二〇〇七年の六月開店）、店内は混みあっていて、ぼくが行ったときなんかは、八畳間ぐらいの店なんですが八人の客がいて、全員がインスタントラーメンをズルズルやってるんですね。

学生らしい二人づれは、「おいしいね」「うん、おいしい」なんて言い合っている。

ふつう言いませんよね、インスタントラーメンをすすって

「おいしいね」「うん、おいしい」なんて。

この店は袋物オンリーの店で、その〝八畳間〟の周辺の壁はラーメンの袋で埋めつくされていて〝ラーメン袋の壁〟になっている。

その数四百余、北は北海道から南は沖縄まで、見たこともない珍しいラーメンのオンパレードで、韓国、台湾、中国、タイなどの海外物も揃えてあって、これだけでも一見の価値がある。

場所はいま話題の秋葉原で、駅から五〜六分のところにある雑居ビルの二階。

五分ほどかけて壁の袋をひととおり眺めたあと「これ！」と決めたのが「サッポロ一番しょうゆ味」。

この袋を厨房に持って行って作ってもらうのが決まりだという。

たかがインスタントを茹でるだけなのに厨房？　などと馬鹿にしてはいけない。ラーメン屋の厨房そのものの立派な造りで、ちゃんと大型の寸胴鍋があり、ガス台が三台あって湯切りチャッチャの網ザルも壁にかけてあって包丁があってまな板があってラーメン丼が重ねてある。

厨房の中にはシェフ……でいいのかな、そういう立場の人がいて、この人がインスタントラーメンを調理する……でいいのかな、作る、と言ったほうがいいのかな。そんなようなことをする人が一人いる。

この人のほかに調理を手伝ったり、配膳をする係の女の子がいるので、インスタントラーメンを二人がかりで製作することになる。

ここでわれわれがふだんインスタントラーメンを作って食べる場合をおさらいしておきましょう。

まず片手鍋などの小鍋に湯を沸かす。湯が沸いたら麺を入れる。次いでスープを入れる。

こういうことを、ここではシェフがやるわけです。

アシスタントの女の子もそれを手伝うわけです。

いいですか、二人がかりでインスタントラーメンを作るんですよ。

では実際に「サッポロ一番」の袋を厨房に持って行ってみましょう。

女の子が袋を受け取ってやおらハサミを取り上げて丁寧に切る。

シェフは麺を袋から取り出して寸胴鍋、ふつうこれには鶏ガラやトンコツなどが入っていて煮えたぎっているものなのだが、ここではただのお湯

が煮えたぎっている。

このお湯には企業秘密とかは無いようで、無造作にお玉ですくって小鍋に入れ、そこへ麺を入れて煮えるのを待つ。

ここからが本格的で、頃合いを見て茹であがった麺を網ザルですくい上げ、チャッチャッチャッと湯切りをする。

ふつう、われわれはインスタントの場合はこれをやらない。

それをきちんとやる。

（ここんとこで金を取るんだかんな）

という示唆であり、

（そこんとこで金を取られるんだな）

と客が深く頷く大事な場面である。

インスタントの袋は、手で引きちぎって破るのがふつうだが、わざわざ女の子にハサミで丁寧に切らせるあたりもそのたぐいかもしれないな。

この「サッポロ一番」をこのお店で食べるといくらかというと280円。

スーパーなどでは100円以内で売ってるからその差額180円。

もちろんチャッチャとチョキチョキだけで180円取るわけではない。

チャーシューとメンマとコーンとネギが麵の上にのせられる。

そうしてここのところも客が深く首肯するところとなっている。

丼とレンゲが特製有田焼。

色柄とも派手目の特製有田焼に入れられ、上にチャーシューとメンマとコーンとネギをのせた「サッポロ一番」の晴れ姿は、

「え？　これがあのインスタントの？」

と思わせるたたずまい。

一口すすってみると、

「え？　これがあのインスタントの？」

と思わず口をついて出るほどの味わい。

もちろん「思った以上に」という意味でだが、チャーシュー、メンマも思った以上においしく、学生風の二人づれが、「おいしいね」「うん、おいしい」と言い合ったわけがよくわかった。

「学生さん、わるかったね」


（『メロンの丸かじり』所収「外食、インスタントラーメン」）

カップ麺の言い訳

カップ麺は言い訳ができない。

それがカップ麺のつらいところだ。

どこで言い訳ができないかというと、スーパーのレジのところで言い訳ができない。スーパーのレジのところでは、その人の食事の全貌があからさまになってしまう。ときには、家計のありようまで衆目にさらされてしまう。

カゴ一杯のカップ麺の人は、

「あの人って、そういう人なのね」

という片付けられかたをしてしまう。

そういう片付けられかたに対して、一言も言い訳ができないところがつらい。

同じインスタントラーメンでも、袋入りのほうは何とか言い訳がきく。

「これに野菜とか、卵とか、お肉とか入れて栄養のバランスをとるのよね。つまりこれは、たたき台なのよね」

という言い訳が成り立つ。

カップ麺も、タテ長タイプの〝ヌードル路線〟のほうは、わずかではあるが言い逃れができる。

このタイプには、ワカメ入りシーフードヌードルなどの〝ヘルシーもの〟があるので、そっちのほうで弁解できる。

問題は丼タイプのカップ麺である。

容器からしてすでに言い訳を許されない雰囲気がある。

ネーミングも、激めん、とか、九州よかと麺、ムジナのどん兵衛だとか、これまた許してもらえない。

ヘルシーを主張できず、たたき台の言い逃れも許されず、丼型カップ麺カゴ一杯の人は、レジのところでひたすらうなだれるばかりである。

しかも、カゴ一杯の丼型カップ麺が、一品種だけならまだいい。よかと麺だけ六個、というのは何とか許してもらえる。

しかし、一品一品、メーカーも品種もちがうカップ麺がカゴ一杯、ということになると、どうあがいてもダメである。

念の入った検討、吟味、取捨選択。永年にわたる知識と経験。その集積がいまここに！　という見方をされ、カップ麺のプロ、と見なされてしまう。

　それがヤングミセスとか、学生風とかならばまだ見逃してもらえるが、ぼくらのようなおじさんだと、世間の目はいっそう厳しいものとなる。

「いいトシこいて、まあ、何の因果かカゴ一杯に色とりどりのカップ麺！」

　という見方をされてしまう。

しかしおじさん（ぼくのこと）はめげないぞ。

きょうだって、スーパーのカップ麺の棚のところで、検討、吟味、取捨選択を重ね、その結果の集積をカゴ一杯に詰めて、買って帰ってきたんだからな。

いま、テーブルの上に、山のように積みあげてあるんだからな。

その山の中から一つ取りあげ、「エート、きょうはどれにしようかなー」なんて迷っているひとときというのは、とっても楽しいなー。

〝ムジナのどん兵衛〟はあしたに回して、〝九州よかと麺、意地のコッテリとんこつスープ!!　焼き豚紅しょうが付き、熱湯三分〟というのにしよう。

「意地の」というのがたまらないね。熱闘甲子園もわるくないが、熱湯三分も胸が躍るな、なんて言いながら、まずカップ麺のフィルムをはがす。

常々思っていることだが、このフィルムに問題がある。ミシン目とか、破り目とかがあれば破りやすいのだが、それがついていない。したがってなかなか破れない。ここで手間どる。三分で食べられるはずのものなのに、この部分で三十秒ほどかかる。一考をうながしたいところである。

手間どったあげく、包丁なんてものを持ち出してくるこ

とになる。

　それから紙ブタをビリビリと、途中まではがす。中から、かやくとか粉末スープとか調味オイルとかの小袋を取り出す。

　ここで「おいしい召しあがり方」というところを読む。

　かやくと粉末スープは最初から入れておいてもいいが、調味オイルは「お召しあがりの直前に」とある。

（たかがインスタントのくせに、なーにが「直前に」だ。なーにが「お召しあがり」だ）

と思いつつも、作業はきちんと言いつけどおりにする。

　かやくの小袋を破って麺の上にふりかける。粉末スープの小袋を破ってふりかける。最近のカップ麺は、こういう小袋が多すぎる。調味オイルのほかに香味スパイスなんてものさえある。

　だからカップ麺をつくるときは、小袋をちぎっては入れ、ちぎっては入れ、ということを繰り返さなければならない。

調味オイルなどは特に扱いづらく、慎重にやらないと、手や衣服を汚すことになる。あれこれの小袋を、チマチマと爪の先で破ったり、ちぎったり、ふりかけたり、ひしぎ出したり、と、大の男がやる作業としては実に情けないことばかりだ。

だからこれらの作業をしおえた人は、作業開始前より、人間のスケールがひと回り小さくなっているはずだ。

もはや、ダム建設などの大事業には向かない人間になってしまっているにちがいない。

とにもかくにも、ちぎり入れ作業完了。ジョボジョボ、スカスカ、ジョボジョボ。

（電気ポットからお湯を注ぐ音）

言いつけどおり、「お湯の線」きっかりまで熱湯を注ぐ。フタをする。そのへんにある本などを重しがわりにのせる。

いよいよ〝熱湯三分〟である。

カップの中では、これから三分間の、熱湯による熱闘が繰りひろげられるのだ。たった三分で、すべてのケリをつけなければならない。それは、熱と汗と誠実と精一杯の努力と渾身の三分間、ともいえるし、まやかしと欺瞞とだまくらかしとインチキと手抜き、の三分間ともいえる。

待つ身の三分は長い。

三分という時間は、何かをするには短すぎる。ただひたすら待つよりほかはない。現代の生活のなかで、これほど無垢で純粋な感情のひとときというのは、他に例がないのではないだろうか。

他の容喙《ようかい》を許さず、ただひたすら〝待つ〟三分間。カップ麺でしか味わうことのできない無垢の感情のひとときといえるのではなかろうか。

三分たったカップ麺に、調味オイルをふりかけ、上下満遍なくかきまぜる。待ちかねたように立ちのぼる大量の湯気。

ズルズルと麺をひと口。続いてスープをひと口。カップ麺は、急いで食べないとどんどん伸びる。

中に入っているおもちゃのようなナルトや焼き豚は、食べるものではない。ときどきいじったり、ゆり動かしたりして「しっかりしろ」と励ましてやるものである。ゴミクズみたいな彼らは、食べるに食べられず、何のためにこの世に生まれてきたのか哀れでならない。励ましてやらずにはいられない所以《ゆえん》である。

（『キャベツの丸かじり』所収「カップ麺の言い訳」）

チキンラーメン四十五年史

インスタントラーメンがこの世に誕生したのが昭和三十三年八月二十五日。

誕生日がはっきりしている。

誕生日がはっきりしている食べものは非常に少ない。

たとえば牛丼に誕生日はあるだろうか。

鮪の刺し身に誕生日はあるだろうか。

日清食品の安藤百福会長が「チキンラーメン」をこの世に送り出してから、平成十五年で四十五年。

ぼくが下宿生活を送っていたのがちょうど四十五年前で、下宿屋のそばの定食屋の一番安い定食（魚肉ソーセージ定食）が四五円だった。

日清のチキンラーメン一袋三五円。

喫茶店などのマッチを並べるのがはやった
長靴
片手鍋
逆手じか食いというのもはやった
食卓
(新聞紙)

財政逼迫《ひっぱく》時の食事としてうってつけであったから盛んに愛用した。

チキンラーメンを一袋だけ買ってきて下宿の台所で袋を破って丼のまん中に丸い麺のカタマリを置く。

湯をそそぐ。

お湯はどうしていたか。

ヤカンであった。ないしは小さな片手鍋であった。ポットはまだなかったからその都度沸かした。

ガスの点火はどうしていたか。

マッチであった。自動点火のガス台はまだなく、チャッカマンもない時代だった。

お湯をそそいでフタをして三分待つ。

いまだったらカップ麺に湯をそそいでから何か用事をしたりするものだが、どういうわけか当時は丼をじっと見つめて三分たつのをひたすら待っていた。

じっと見つめていても、突然煙が上がったり、丼がツツーと動いたりするわけでもないのだが、じーっと丼を見つめていた。

あれは何だったのだろう。

テレビもまだあまり普及していないころの、静かな生活のひとこまとしての三分間。

三分にほとんど意味がなかった時代に、インスタントラーメンは画期的な意味を与えた。三分でラーメンが出来上がるという意味を与えた。三分を時間の中から切り取ったのだ。

三分たって丼のフタをあける。

言い忘れたが、この丼は町の蕎麦屋などで使っている立派なフタのある立派な丼である。

こういう丼が各家庭に必ず一つか二つあった。

なぜあったかというと、出前を取ったあと、ズルをして返さなかった丼なのであった。

三分たってズル丼のフタをあける。

立ちのぼる焦げたような匂い。

45年の歴史

インメン

インラン

インラー
コンビニエンス
ストアが
コンビニに
なったように
その名前を
ちぢめようとしてついに
ちぢめられなかった歴史
でもある

醤油系のものを鍋に焦げつかせ、洗ったんだけども落ちなかったというような匂い。

当然だが丼の中はツユと麺だけ。

いまはスープなんて言うが当時はツユ。

いまは麺にコシがあるとかないとか言うが当時はコシ抜き。

ただゆるゆる。ただずるずる。ただべろべろ。

だからこの麺は〝伸びる〟ということがなかった。最初から伸びていたからである。

この〝最初から伸びている麺〟が旨かった。

お腹がすいているときなど、世の中にこんな旨いものがあるのか、と思うほど旨かった。

あれから四十五年。

他のインスタント麺は様々に進化し、様々な工夫の歴史を歩んできたわけだが、このチキンラーメンのほうは進化の道をたどったのだろうか。

スーパーに行って一袋買ってくる。

袋の意匠は黄色い横縞のままでほとんど変わっていない。一袋八二円。

四十五年前の様式美を守って作ってみようと思った。

すなわちジャーの湯ではなく片手鍋の湯。丼はズル丼。

袋を破る。

おお、四十五年前と全く変わらぬ丸い形、色、ちぢれ工合。

ただ、卵を割って麺の上にのせたときにすべり落ちないように「たまごポケット」が設置されているところが違う。（設置といってもまん中が凹んでいるだけだけどね）

丼に麺を入れ四百ccの熱湯をそそぐ。フタをする。伝統の作法にのっとり何もせずじっと見つめて三分待つ。

三分待って丼のフタを開ける。

立ちのぼる湯気。

四十五年前と全く変わらないあの焦げくさい匂い。

四十五年前と全く同じ油脂を全く感じさせない醤油系のスープ。

そして、ただゆるゆる、ずるずる、べろべろの麺。

四十五年間、何の進化も目指さず、ただ何もしないことにのみ腐心してきた製作陣の努力を思うと、頭が下がる思いでいっぱいである。製作陣は、あえて改良を目指さなかったのだ。

改良すべき点はいくらでもあった。

そしてその改良点は容易に、すぐに改良できた。

それなのに、身じろぎ一つせず、息をひそめるようにして四十五年間を過ごしてきた製作陣の苦衷は察するにあまりある。

なぜ改良を目指さなかったのか。

それは日清食品が、次のことを世に訴えたかったからに違いないのだ。

日清のチキンラーメンは、麺が伸びてもおいしい、というか、伸びる伸びないを問題にしない。

これまでの「麺→伸びる→まずい」の歴史を、「麺→伸びる→旨い」の歴史に変えた、ということができる。

つまり「その時歴史が動いた」のである。

このあたりのことを「プロジェクトX」に仕立てあげ、ナレーションは田口トモロヲではなく松平定知アナのほうにして見たいなあ。


（『おでんの丸かじり』所収「チキンラーメン四十五年史」）

大実験は大失敗

ワンタン麺を食べていて、ふと次のようなことを考えてしまったのですね。

われわれの祖先が、人類史上初めて小麦粉というものを手にしたとき、これをどうしようと考えただろうか。

これをこのまま、粉薬のように口に入れようと思わなかったにちがいない。

まず、水を加えて捏《こ》ねるということを考えたはずだ。そうすると、水で捏ねた粉の塊ができる。

これをどうするか。

このままオーブンみたいなもので焼けばパンになる。これが一つの方向。

塊を手のひらで押してみる。

そうすると平らな板ができる。

この平らな板を刃物で細く切っていくと麺になる。

平らな板を風呂敷ないしハンカチと考えれば何かを包みたくなり、これはギョウザ、ワンタンへの道を歩むことになる。

パンへの方向はさておき、麺およびギョウザ方面について考えてみよう。

まず麺。

麺への道を歩んだ人は、洋の東西を問わず、その太さに工夫をこらす。

イタリアのスパゲティも

そうだが、わが国の麺も、何段階もの太さの方向に向かっていった。

ＪＩＳ（日本産業規格）では、麺を次のように規定している。

ひらめん（ひもかわ・きしめん）＝30ミリ幅を４～６本に切った麺。

うどん＝30ミリ幅を８～16本。

冷や麦＝30ミリ幅を18～24本。

そうめん＝30ミリ幅を26～30本。

これに違反したうどん屋は、一年以下の懲役または一万円以下の罰金、というわけではないが、しかし、こんなことを規定して何か楽しいことでもあるのだろうか。

それはさておき、きしめんは、その太さがおいしいし、そうめんは、その細さがおいしい。

誰もこの二つを混ぜて食べようとは思わない。

一方、ギョウザ、ワンタン関係は、板状になった小麦粉のおいしさを味わおうとするものだ。

なかでもワンタンは、中身というより、板状の皮のビラビラ感をねらったものだ。このビラビラ感がおいしい。

細長い麺はズルズル感がおいしい。

そしてワンタン麺は、この両者、すなわちビラズル感をいっぺんに味わおうとするものである。

ズルとすすり、ビラと吸いこむ。これが楽しい。

ここにおいてわたくしは（なぜか急に改まる）、これに想を得て、こういうことを考えてしまいました。

ラーメンの麺とワンタンをいっしょに食べるなら、きしめんとそうめんをいっしょに食べたっていいじゃないか。

きしめんとそうめんをいっしょに食べるなら、きしめんとうどんと冷や麦をいっしょに食べたっていいじゃないか。

考えてみると、彼らは互いに親戚同士でありながら、一度も一堂に会したことがない。

ここはひとつ、わたくしが間をとりもって、その機会を与えてやろうじゃないか。

一つの丼《どんぶり》の中に、きしめんとうどんと冷や麦とそうめんがからまり合っている。

これは日本人がまだ一度も見たことのない壮麗な一大絵巻といえる。

本当にやってみました。けっこう大変でした。

それぞれに茹《ゆ》で時間がちがうので鍋を幾つも用意し、次々に茹で、次々に丼に入れる。

これにうどんの熱いツユを注いで、「全ニッポン麺類大合同かけうどん」というものができあがった。前人未踏、人類史上初の大実験がこれからくり広げられようとしているのだ。

大実験は大失敗だった。

何のことはない、こうした世界では、大きいものが勝つ。

そうめんも冷や麦もうどんも、一番質感の強いきしめんの味と歯ざわりの陰にかくれてしまう。

すなわち、そうめん冷や麦うどん連合軍は、あっさりときしめん軍の傘下に帰し、「全ニッポン麺類大合同かけうどん」は、単なる「きしめんかけうどん」となってしまうのである。

自由が丘の駅の近くに、「晋風楼《しんふうろう》」という中華料理店がある。

この店の売りものの一つに、「刀削麺《タオシャオメン》」という麺がある。

この麺は、小麦粉の塊を押して板にせず、塊からいきなり麺をつくる。

粉の塊を「うんと太目の大根」風にまとめる。これを左手で持って腰の上あたりに構え、右手に持った湾曲した刃物で、カンナで削るように削る。

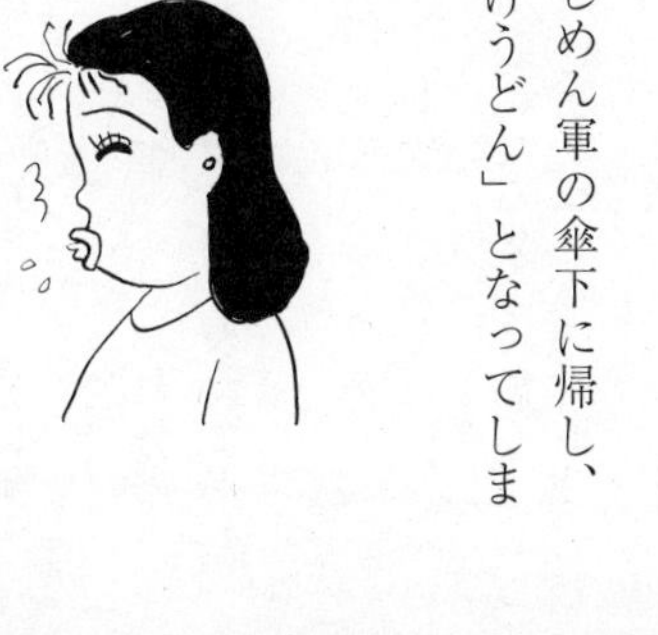

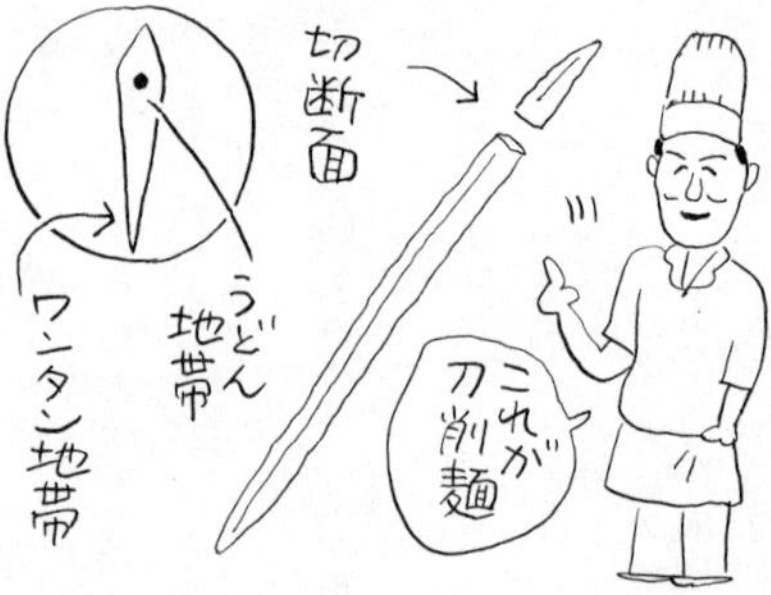

削りおとされた一片は、空中を舞って目の前の鍋の中に落ちて茹であがる。一片一片は花吹雪のように舞い散り、その速さ、その熟達の技術は一見に値する。

一片の長さ約二十センチ、幅一センチ、あれほどの速さで削ったのに、長さも幅もほぼ均一なのである。

麺の切断面の形は、日本刀に似ている。

刀身の一番厚みのあるところは約三ミリ。

この麺をズルズルとすすりこんで、わたくしは、思いもかけぬ大発見をして愕然《がくぜん》となったのであった。

わたくしは先ほど、前人未踏の大実験をして大失敗をした。

そしてまた本文の冒頭ではワンタン麺を食べていた。

あの大実験と、冒頭のワンタン麺が、いままさに、いまここに、一本の糸につながろうとしているのだ。

その一本の糸とは何か。

それがまさにこの刀削麵なのである。

刀削麵の幅は一センチ、すなわちきしめんである。一番厚みのあるところは約三ミリ。すなわちここはうどんである。刃先に至る途中は、冷や麦になり、そうめんになり、そうして刃先一帯はワンタンの皮地帯となる。事実このあたりにはビラビラ感がある。

わたくしは中国四千年の歴史の知恵に思わず深く瞑目した。

一本の麵で、すべての麵類とワンタンの皮を網羅していたのである。


（『伊勢エビの丸かじり』所収「糸と板、麵の魔術」）

B級の覇者ソース焼きそば

B級グルメといわれているものは世の中にたくさんあるが、その中でもB級度が一番高いのがソース焼きそばである。

コロッケ、ラーメン、たこ焼き、お好み焼き、おでん、おにぎりと並べていっても、ソース焼きそばのB級度は群を抜いている。

なにしろソース焼きそばは値段の高い材料をひとつも使っていない。

蒸しそば、キャベツ、豚コマ、基本的にはこの三つで成り立っている。

あとはモヤシや玉ネギなども入れたりするが、それだって値段の高いものではない。

だが、それだけがB級度が高い理由というわけではない。

もっと強力な理由があるのです。

それは「高級化への道を閉ざされている」という理由です。

ズズッと→
すすりこん
だら抵抗に
あい
このあと
どうしようか
と考えている

他のB級グルメ、たとえばコロッケはカニクリームコロッケという高級化への道がある。

ラーメンしかり、お好み焼きしかり、たこ焼きだって、「ウチは明石のたこを使ってます」という道がある。

なぜソース焼きそばは高級化への道が閉ざされているのか。

それはあとで述べることにして、いずれにしても、ソース焼きそばは一生懸命作ってもそれほどおいしくならない、ということは言えると思う。

また、うんと手を抜いてもそれほどまずくはならない。

だからソース焼きそばは、

「うまい」とか「まずい」とか評価しないで食べるものなのです。

ラーメンでもコロッケでも、必ずうまいとかまずいなどの評価が伴うが、ソース焼きそばは黙って食べる。

黙って食べるといくらかおいしい。

とりあえずソースの焦げる匂い。

これがまたいい匂いなんですわ。たまらんのですわ。

醬油の焦げる匂いは世界中の人々の鼻をピクピクさせるといわれているが、ソースの焦げる匂いもそれに劣らんのですわ。

油にまみれたモサモサした麵、これがまたモサモサとおいしい。

日本における麵というものは、大体においてつゆの中にひたっていて、つゆといっしょにズルズルと口の中に入ってきてズルズルと口の中を通過していくものだが、ソース焼きそばに限ってモサモサと口の中に入ってきてモサモサと口の中で停滞する。

ふだんズルズルに慣れているからモサモサが新鮮に映る。

麵だからと、ついズズッとすすりこもうとして抵抗にあい、ほんとにもうあなたたちったらモサモサと絡みあい、もつれあい、まとまろうという気がまるでなくて、と、なんとかまとめようと口の中が躍起になるところがおいしい。

躍起の中でたまーにシャキッと出会うキャベツの小片、ムチッと歯にあたる豚コマの小片、たまーにであるから嬉しくありがたく、これがドサドサ入っていたら〝肉野菜炒め焼きそば入り〟になってしまう。

　そしてですね、これは声を大にして言いたいことなのだが、傍らに添えられている紅生姜の有効性。

　牛丼の紅生姜、稲荷ずしの紅生姜、お好み焼きの紅生姜に比べ、ソース焼きそばの紅生姜はいずれの場合をもはるかに凌駕《りょうが》してその存在感を示す。

　合うんですねえ、ソース焼きそばと紅生姜。

　強烈な個性と個性のぶつかりあいとでもいうんでしょうか。

　それともうひとつ、青海苔。

　これもまた、かけるのとかけないのとでは大きく味が変わる。

　大きく味の変わった二種類のソース焼きそばを楽しめることになる。

　蒸しそば、キャベツ、豚コマ、紅生姜、青海苔、すべて下手《げて》の味であるところへ下手の本職ソースが加わる。

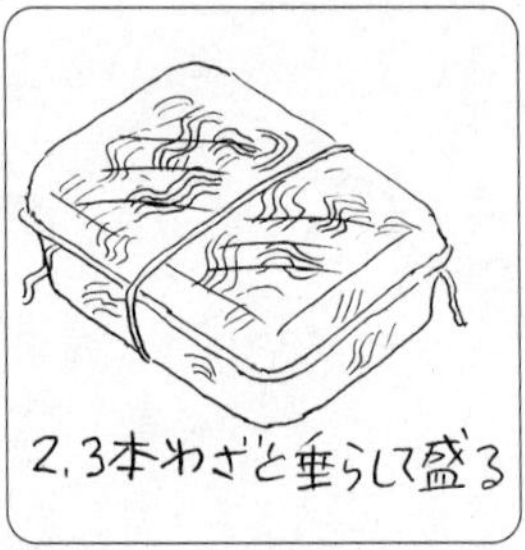

この下手の砦の前に、高級材料は無力である。

豚コマをイベリコ豚に、キャベツを軽井沢の高原キャベツに、麺を北海道産高級小麦粉にしようが、下手のグループ、特にソースがそれらをすべて駄物《だもの》にしてしまう。

であるからして、ソース焼きそばは向上心を持って作ってはならない。いいかげんな気持ちでいいかげんに作るのが正しい。

料理の本などには「ソース焼きそばをおいしく作るには」ということが出ていて、「豚コマは焼き色がつくまでいじらないこと」などと書いてあるのだが、いじらないことによっておいしい焼きそばができあがり、それがたとえ「おいしい！」ということになったとしても、それがどーしたって言うんだ。

たかがソース焼きそばだぞ。

ソース焼きそばがおいしいことは良いことなのか。あ、言い過ぎました。良いことです。

ま、いずれにしてもソース焼きそばは下手のもの。

よく「食べ物は器を選び、器は食べ物を選ぶ」なんてことを言って、ところてんなら江戸切り子、サンマには長方形の角皿、納豆は小鉢ということになるが、ソース焼きそばはどんな器に盛ったらいいのか。

万人が納得するソース焼きそばの器、それはもう「屋台で入れてくれるプラスチックのパッカン式容器」に決まってるじゃありませんか。あれがソース焼きそばには一番似合う。

だから家庭でソース焼きそばを作ってみんなでテーブルを囲んで食べる場合、あれに盛って食べるのが正しい食べ方です。

あ、そのとき、パッカン式容器のフタを閉じて、輪ゴムをかけるのを忘れないように。

（『いかめしの丸かじり』所収「B級の覇者ソース焼きそば」）

ビーフンと日本人

こういうことってありませんか。

朝、歯をみがいているときなどに、不意にあるメロディーが頭の中に浮かんできて、そのあと、しつこく、しつこくそのメロディーがくり返される。

全く突然、〽吹〜け〜ば飛ぶよ〜な将棋の〜コマに〜、とか、〽ヨコハマー、タソガレー、とか、それまで頭の中で考えていたこととは無関係にメロディーが流れ始める。

歯をみがいている当人に何の相談もなく、脳が勝手に歌を歌い始める。

ぼくにはしょっちゅうそういうことがあって、ついこのあいだは、ケンミンノ〜ヤキビーフンだった。

朝、テーブルでミカンを剝《む》いていたら、突然、ケンミンノ〜ヤキビーフンが始まった。

ミカンを剝きつつも、ケンミンノ〜ヤキビーフンが頭の中で何回も何回もくり返され

ている。
　ケンミンノ〜ヤキビーフンには不思議なリズムがあって、何十回かくり返しているうちに、フとミカンをテーブルに置き、ケンミンノ〜ヤキビーフン、と立ちあがり、ケンミンノ〜ヤキビーフン、と歩き出し、ケンミンノ〜ヤキビーフン、ア、ソレ、と、両手が盆踊りの手つきになっていくのだった。
　そういえば焼きビーフンてどんなものだっけ？
　焼きそばみたいだがそばじゃない、ア、ソレ、ビーフンだから米の麵、ア、ドッコイ、と、テーブルを一周し、食ってみたいな焼きビーフン、と、玄関に至り、ケンミンノ〜ヤキビーフン、と外に出、ケンミンノ〜ヤキビーフン、ア、ソレ、と行きつけのスーパーに向かうのだった。

焼きビーフンを最後に食べたのは何年ぐらい前だっけ。

いつ、どこで、どういう状態のものを食べたのか記憶にない。

とにもかくにもスーパーの麵のコーナーに向かう。

ありました、焼きビーフンではなく、干麵の状態のもので、ケンミンではなく台湾からの輸入物。一袋三人前、一五〇グラム。

袋のうしろに焼きビーフンの調理法が書いてある。

まずビーフンをお湯に3〜5分つけておいて水を切る。具は豚肉、キャベツ、ニラ、人参、椎茸《しいたけ》などで、これらを細く切って油で炒める。

両者を一緒にしてスープ二カップを入れてフタをして3〜5分ほど蒸し煮にする。味つけは、塩、醬油、オイスターソースなど適宜。

スーパーから帰ってきたころには、ア、ソレ症候群はすっかり治まっていて、きわめて冷静に、手順よく焼きビーフンができあがる。

いーい匂い。

見かけはまさに焼きそば。ニラの緑とニンジンの赤が鮮やかだ。

箸ですくって一口。

すすりこもうとすると、麵なのにズルズルとすすりこめない。
ビーフンたちが抵抗の姿勢を示すのである。
それでも強引にすすりこもうとすると、更に抵抗する。
明らかにすすりこまれるのを嫌がっている。
仕方なくスパゲティ風にグルグルとまとめて口に入れると、こんどはモサモサする。
うどん、蕎麦《そば》、そうめん、スパゲティなどの小麦粉系とは明らかに違う口ざわりだ。
モサモサ、そしてちょっとザラザラ。

日本人が麵一般に要求する腰がない。
そこのところにちょっと違和感がある。
じゃあ、まずいのかというと全然まずくない。
というよりとてもおいしい。
突然ではありますが、焼きビーフンはチャーハンなのです。
米を米粒のまま炊いて炒《いた》めたのがチャーハン。
米を粉にし、麵にして油で炒めたのが焼きビーフン。
だから焼きビーフンが旨《うま》くないわけがない。

当然、

「きょうのお昼はチャーハンにしよう」

という人がいるように、

「きょうのお昼は焼きビーフンにしよう」

という人がいても不思議はないのだが、そういう発想の人はまずいない。

それにビーフンを食べさせてくれる店がめったにない。

日本は瑞穂《みずほ》の国と言われ、米がなければ夜も日も明けないはずなのに、ビーフンに関してはなぜか冷たい。

なぜでしょう。

できあがった焼きビーフンを食べながらつくづく考えました。

ビールなんかも飲みながらあれこれ考えました。

あ、ついでに言っときますが焼きビーフンはビールに合います。

焼きビーフンの横にちょっと紅生姜《しょうが》なんか置いた日にゃ、もうたまらんです。

なぜ日本人はビーフンに冷たいのか。

農業国だった日本人は腰を非常に大切にする。

鍬《くわ》をふるって大地を耕すには腰がすわってなければならない。

お相撲さんも腰が大事だ。

辞書をひくと、腰が重い、腰砕け、腰抜け、腰が低い、など腰に関する言葉が非常に多く出てくる。

うどん、蕎麦、そうめん、中華そば、いずれも腰がないと評価されない。

ビーフンもうすコシ腰があれば、という人は多いようですよ。

（『コロッケの丸かじり』所収「ビーフンと日本人」）

ソーメン七変化

なぜ虚しい、なぜ苦しい

このところ暑い日が続いたので、「ソーメンでも食べようか」という気になってソーメンを食べに行った。

近所のそば屋に行った。

この店は、むろん、そば、ウドンが主体なのだが、納豆定食もやれば焼き鳥もやる、ラーメン当然、冷やしトマトあります、といったような、ケジメということをあまり考えない店なのである。

「ソーメン、ひやむぎ、各六〇〇円」とある。

ソーメン(含むひやむぎ)は、夏になると必ずそば屋に出現するメニューだが、ぼくはこれまで、こういう店でソーメンを食べている客を一度も見かけたことがない。

客がこぞって注文する、という品物ではないようだ。

そば
うどん
ソーメンを食べたものの
釈然とせずに店を
出たおとうさん

しかしこうして、夏になれば必ずメニューに出現するところをみると、誰かがいつかは注文して食べているはずだ。

ソーメンは誰でもつくれるし、味にそれほどの差は出ないから、なにも外で金出して食おうという気にならない、というところがあるのかもしれない。

だから外でソーメンを食べている人は多少奇異の目で見られる。

ちょうど昼めしどきだったので、近くの会社づとめのOL三名と相席になった。

　ＯＬ三名は、自分たちの品物が到着するまでの間、かわるがわるチラチラと、ぼくのソーメンに視線を投げかけるのであった。

　ソーメン、及びそれを食べているぼくに対して、不審、ないしは当惑の表情を隠さないのであった。

　不快、というほどではないが、〝楽しかるべきランチタイムに自分たちの周辺で起きてしまった好ましくない出来事〟としてとらえているようすであった。

　ソーメンは、どうしてそのような扱いを受けるのだろうか。

　その理由のひとつに、実体のわりに値段が高い、ということが考えられる。

　たとえばこの店のラーメンは三五〇円である。

　ラーメンは、スープで評価が決まるところがあるから、スープには手間もヒマもかける。カツブシ、昆布、煮干し、トンコツ、鶏ガラ、玉ネギ……と、手間もカネもかける。

　焼き豚、シナチクにもきちんと味をつけなければならない。

　一方、ソーメンのほうはどうか。

　ソーメンの丼に入っているのは水である。

　くどいようだが、ただの水である。

　カネも手間もヒマもかかってない。

　焼き豚、シナチクに相当するものは、この店の場合、キュウリ二切れ、ミカン二フクロだ。キュウリは切っただけだし、ミカンは缶詰から取り出しただけだ。

これで六〇〇円取るのだから、いい度胸だといわなければならない。

ラーメンはもうけがないから、そのかわりソーメンのほうでうんと取って帳尻を合わせようという魂胆にちがいない。

「ラーメンの仇《かたき》をソーメンで」

という考えが、そば屋にあるとしか思えないのだ。

ソーメンは食べていてなぜか虚《むな》しい。

いや、注文するときからすでに虚しい。

ラーメンとかカツ丼とかを注文するときの、あの熱い期待感がまるでない。

水底に寂しく沈んでいるソーメンの白いかたまりが目に浮かぶだけだ。

この寂しさをおおい隠そうと、店側は様々なものをその上に飾りたてる。

サクランボ、ナシ、桃、トマト、シソの葉、うす焼き卵、エビ、しいたけ、ハム、そしてキュウリ、ミカン。

うんと値段の高い店では、これら全部を投入していると
ころもある。

こういうソーメンは、最初のうちこそにぎやかできれいだ。

それぞれが定位置に座を占めている。

しかしひとたび食べ始めれば、座は乱れ、これら浮遊物はあちこちに散乱し、沈み、千切れ、さながら洪水のあとの被災地のごとき様相となる。

八百屋と果物屋と肉屋が洪水にあって、店先から品物が流れ出た、というような光景となる。

あるいは、難破船が沈んだあとの太平洋上、といった惨状にもみえる。

水に漬かってしまった被災品（キュウリ、ハム、エビ……）などは、うまいはずもないから当然食べない。

ただひたすらソーメンだけを食べる。

だから外で食べるソーメンは、食べたあとの充実感がきわめてうすい。

白くて細い麺をくり返しくり返し食べた、という記憶しか残らない。

量が少ないせいもあって、なにか物足りなく、栄養的にもなにもなかった、と食べ終えて虚しく、お金を払うときも虚しく、帰途も虚しい。

そのかわり、家で食べるときのソーメンは、これとまったく逆の現象になる。

物足りないどころか、食べに食べて、気持ちがわるくなるまで食べてしまう。

家で食べるときは、大きな器にどっさりとソーメンを盛ってテーブルのまん中に置く。

それを各自が好き勝手に取って食べる、という方式が多いはずだ。

　これだと、どのくらいの量を食べたかがわからない。わからないからどんどん食べてしまう。

　冷たいし、口あたりはいいし、ノド越しもいいし、さっぱりしているからいくらでもおなかに入る。

　しかも休むことなく、次から次へ箸が出ていく。ラーメンのように熱いものででもあれば、途中ひと休み、というひとときがあるものだが、冷たいからそれもない。

　もうこのへんでやめようかな、と思い、いったん箸をとめ、目の前の涼しげなソーメンを見るともなく見ていると、ごく自然にまた箸がのびる。

　もうやめた、今度こそほんとーにやめた、と決心して箸を止めるが、いつのまにかまた箸が出てしまう。

　そして、「ウン、なんかこう、おなかがくちくなってきたようだな」と気づいたときは、もうすでに遅いのである。

ここから突如として、急激に満腹感が襲ってくる。満腹感というものは、ふつうは徐々にやってくるものだが、ソーメンに限っては常に突如であり、突如のあとの加速感がまたすごい。

急に苦しくなって前かがみになって食卓をはなれ、這うように、泳ぐようにしてソファのところにたどりついてバッタリと倒れ込む。

まさに食い倒れである。

ぼくはこれまで、何回食い倒れを経験してきたことか。

食い倒れとはいっても、大阪あたりの本格的な食い倒れではなく、たかだかソーメンの食い倒れであるから経済的な損失はそれほど大きくはない。ソーメンばかりは、だれでも〝毅然とした終了〟は無理のようだ。

迷いぬいたあげくの、倒れ込み付きの終わりになってしまう。

（『トンカツの丸かじり』所収「ソーメン方面の怪」）

チキンコンソメに醤油を一滴

この国の梅雨もまもなく終了する。

そうすると、この国はいよいよソーメンの季節に突入することになる。

シーズン突入を前に、わたくしはこの国のソーメン事情について、一言苦言を呈しておきたい。

と同時に、最近、ネコもシャクシも、わが日本国のことを、この国は、この国は、と表現する風潮にも苦言を呈しておきたい。

一体、何なの？　あの〝この国は、この国は〟という言い方。

この国、この国って、おまえはどこの国の国民なんだーっ、と、一言言って、ソーメンの話に戻りたい。

ソーメンに対する苦言とは何か。

それは、

「日本国民は、ソーメンをチヤホヤしすぎるのではないか」

ということである。

わが国には、うどん、そば、ラーメン、きしめん、ひやむぎ、ほうとう、ソーメン、スパゲティ、といった多種類の麺類がある。

つまりソーメンは、その中の一種類にすぎないのだ。

にもかかわらず、日本国民はソーメンを特別扱いする。

たとえば日曜日のお昼など、ひとたび「きょうのお昼はソーメンよ」ということになると、ガラス製カット模様入りの大鉢なんかが用意され、氷が用意され、シソ、ミョウガ、生姜、ネギなど薬味用の小皿が並べられ、ガラス大鉢のソーメンの上に、「ナンテンの小枝をあしらってみたわ」というような騒ぎになる。

「きょうのお昼はうどんよ」だった場合、これだけの騒ぎにもっていけるか。

料亭などでは、ソーメンがバラバラにならないように、束の片はしをヒモで縛って茹で、清流に見たてた形にして両手で支え、皿の上に丁寧に横たえさせたりする。

まるで要介護のような扱いではないか。

お箸も、

「おソーメンの場合は、お箸をでんな、あらかじめ水で湿らせておいてからお出しするとよろしおまんな」

ということになる。

鯛ソーメンという大層な料理さえある。

大皿のまん中に焼いた鯛を丸ごと一匹どーんと置き、その周辺に、海の流れに見たてたソーメンを並べる。

流しソーメンというものもある。

これはソーメンのためのお遊びで、ソーメンのウォーターシュートだ。

こんな遊びをさせてやるのはソーメンだけだ。

ソーメンを流すなら、うどんも流してやれ。

ついでにうどん粉も流してやれ。

お中元となると、ソーメンは急に態度がでかくなる。

「特製化粧木箱」の中にエラソーに横たわる。その箱をわざとらしく藁の縄で荒々しく縛り、「藁縄荒縛り」ということになる。

ネーミングも物々しくなり、「古式手延素麵蔵囲い三年蔵寒造り太古」ということになる。

これを全部つなげると、「特製化粧木箱入り藁縄荒縛り古式手延素麵蔵囲い三年蔵寒造り太古」

ということになり、じゅげむじゅげむに似てきて読んでるうちに眠くなる。

そんな物々しい造りにして贈っても、もらったほうは、

「なんだ、ソーメンか」

のひとことで片づける。

藁縄荒縛りをほどくの大変だから、と、そのまま押し入れに放り込まれる。

箱だけでなく、ソーメンの一束一束も物々しく束ねられている。

うどんの束は簡単にハラリとほどけるのに、ソーメンの束はどういうわけか簡単には

ほどけないようになっている。

ソーメンを茹でるためにお湯をわかし、湯が沸騰するのをじーっと待ち、沸騰したので、いざソーメンを入れようとしたらソーメンの束がなかなかほどけず、あわてにあわててもほどけず、往生した経験は誰もがあると思う。

ぼくの場合は沸騰するのをじーっと待っていて、沸騰したのでいざ投入しようとしたら、一束一束が包装紙で包んであるやつだったので、あわてて包装紙を破ろうとすると厳重に包装してあり、それをようやく破き終わったら帯がまた厳重造りであわてにあわて（よく考えると別にあわてる必要はないのだが）、ようやく帯を切った瞬間、ソーメンがあたり一面に飛び散ったという苦い経験がある。

ソーメンはダイエットにいい、という人と、ダイエットにいくない、という人とがいる。

いい派の主張はこうだ。

ソーメンは細い。うんと細いのは文字通り糸のように細い。

だからソーメンを箸で一口分取りあげてすすったときの本数はうどんの比ではない。

ということは、多数のソーメンとソーメンの間の多量の水分、及びツユをいっしょにすすりこむことになる。この量はうどんの比でないことは誰にでもすぐわかる。

すなわち、ソーメンは水分を麺といっしょに多量に摂ることによってすぐにお腹が一杯になる。

すなわちダイエットにいい。

いくない派の主張は、これはもう誰もが経験済みだと思う。

すなわち、いくらでも食べられてしまう。

洋風ソーメンもおいしい。

固形のチキンコンソメを溶いて用いる。そのとき、お醬油を一滴。

（『ゴハンの丸かじり』所収「ソーメンはエライのか」）

いつ嚙むか問題

連日の猛暑のせいで、このところ食欲がない。

いままでの人生で、こんなことは一度もなかった。

去年までは、いくら猛暑でも食欲はあった。

「夏バテで食欲がなくてね」

などと言う人がいると、

「へエー、そんなことってあるんだ」

と不思議な気がしていた。

そのぐらい、ぼくにとって猛暑と食欲は関係がなかった。

寄る年波のせいだろうか。

不思議なことに、食欲はないのに腹は減る。

ということを生まれて初めて知った。

ここのところが困る。

食欲はない。しかし腹は減る。

減ってる腹は困る。

困るから何かを腹に入れなければならない。

困り食い、というのだろうか。

何が困るかというと、噛まなければならないことが困る。

噛むのがしんどい。

猛暑でぐったりしていて、体を動かすのがつらい。

食事は別の言い方をすれば噛むことである。

噛むという行為は、上下の歯が運動していることを意味する。

体の他の部分はじっとしてまるきり動かさないですむが、歯だけは運動させなければならない。

これさえつらい。

いま上下の歯が運動していると書いたが、実際に運動しているのは下の歯だけなのだ。上の歯に下の歯を打ちつけることによって噛むという行為は成り立っていて、上の歯は動かずにじっとしている。

下の歯だけの運動ですむのだから、そのぐらいは我慢すべきではないか、と人は言うかもしれないが、それさえしんどい。

下の歯も動かさないで噛む方法はないものか。

しばらく考えていたが、それはムリだということがわかった。

そうなってくると、なるべく噛まないですむ食べ物、ということで妥協するしかない。

麺類。

これだったらあまり噛まないですむ。

麺類とくればラーメン。

去年だったらそういうことになったと思う。

「ラーメンもけっこう噛むよなあ」

と、ことしは思う。

チャーシューを噛まなければならない。

メンマも噛まなければならない。

きつねそばも油揚げを噛まなければならない。

スパゲティは、アルデンテとかいって噛み心地などというものを強要される。

そうだ、ソーメン。

具は何も入れないソーメン、これだったらほとんど噛まないですむ。

口の中をツユとともに通過していくソーメンを、ところどころ噛んでやればいい。

ここでちょっと話は変わるのだが、口の中に入れた食べ物を噛んでいると、やがてそれを飲み込む時がやってくる。

飲み込み時《どき》、とでも言ったらいいのか、飲み込み時は必ずやってくる。

その飲み込み時を、みなさんはどうやって決めているのでしょうか。

トンカツでいってみましょうか。

トンカツの一切れを口の中に入れて噛む。

噛みつづける。だんだんこなれてくる。

そのうち、このぐらいでいいかな、という段階に立ち至る。

潮時というか、見切り時というか。

その潮時を、みなさんはどうやって決断していますか。

そんな、決断というような大げさなことによって飲み込んでいるわけではないので、そういう質問は困る、というのが一般的な答えだと思う。

ソーメンだと、そのあたりのことはどういうことになるのか。

ソーメンだったら決断も何も、一切を向こうの流れにまかせておけばいい。

勝手にツユといっしょに流れ込んできたソーメンであるから、気が向いたときにところどころ噛んで、気が向いたときに飲み込めばいい。

噛むのがしんどい人にとって、これほどピッタリの食べ物はないのではないか。

ソーメン買ってきました。

茹でて氷で冷やしました。

ソーメンがツユと氷の間にただよい、ツユのいい匂いが鼻をくすぐり、ほんのちょっとだけ食欲のようなものがわいてくる。

ズルズルッと一口。

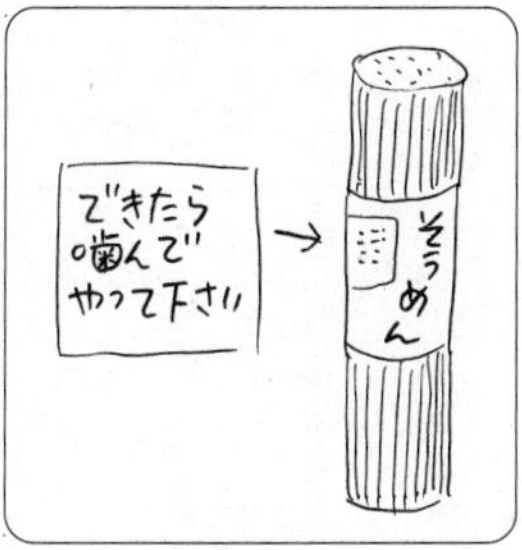

冷たいソーメンがツユといっしょに口の中に流れ込んでくる。

いつ噛むか。

今か、もうちょっと後か。

気が向いたときに、などと呑気なことをいってるヒマはない。

何しろ向こうはほとんど液体であるからアッというまに口の中を通過してしまう。

急いで噛みました。

噛んでみると、これがなかなかいい噛み心地で、もともとソーメンは噛み心地を第一に考えて作られているから、噛むのが少しもしんどくない。

ひと噛み、ふた噛み、三噛み、四噛み、もう十分に噛んで、飲み込み時が来ているのにまだ噛む。

気が向いたときにところどころ噛む、どころではなく、あっちを噛み、こっちを噛み、ついに十噛み。

次の一口も十噛み。

そうして、ソーメンは十噛みが最も適しているということが判明した。

ニッポンの夏、ソーメンの夏、検証の夏。

(『目玉焼きの丸かじり』所収「ソーメン、いつ噛むか」)

悪い男たちに騙されて

今年の夏、ソーメンが大変なことになっているのを知ってますか。

ソーメンの身の上に、次から次へと思いがけない大激変が起こっているのです。

「エ？　まさか⁉　あのソーメンがそんなことを⁉」

と思わず聞き返したくなるようなまさかを、あのソーメンがしでかしているのです。

「あのソーメン」の「あの」には、「身辺清潔そうな、あの」という意味が込められているのは言うまでもありません。

貞女は二夫にまみえず。

これまでのソーメンは貞女であった。蕎麦つゆによく似たソーメンつゆのみにかしずく貞女だった。

ソーメンはソーメンつゆに操を立てていた。

おとといしあたりまでは確かにそうだったのだが、去年あたりから少しずつへんになっていって、今年、急に私生活が乱れ出したのである。

二夫どころか多夫にまみえだしたのである。

ここで、日本人の食にとってソーメンはどういう存在だったかについて考えてみましょう。

夏といえばソーメン。

ソーメンといえば大きなガラスの器。

切り子の、ちょっと紫色がかったやつですね。

その器にたっぷり水を張ってそのあちこちに大小の氷の塊。

そのあちこちの間をぬって、白くて細長いものたちが、浮かぶがごとく、沈むがごとく、漂うがごとく静まりかえっている。

静止した谷川のせせらぎ。

いーなー、この風景。

ニッポンの夏、ソーメンの夏。

その風景にちょっと目をとめてから器の中に箸をつっこむ。

ぼくはこのときのいよいよ感が好き。ね、あるでしょう、ソーメンには他の麵類にはない独得のいよいよ感が。

でもってですね、そのいよいよ感とともに箸で白くて細長いものをすくいあげ、かるーく水気を切り、ソーメンのつゆの入った器にしっぽのほうからしずしずと沈め、一呼吸おいてからスルスルとすすり込む。

そうなんです、うどんやラーメンはズルズルだがソーメンはスルスル。

冷たいものたちがスルスル。

鰹節と昆布と醬油だしの香りとともにソーメンがスルスル。

多くの麵類にはコシ、コシとやかましくうんぬんするが、ソーメンに限ってはあんまりうんぬんしない。

もちろんソーメン独得のコシはあるのだが、ソーメン本人もそのことをうんぬんしな

いし、双方であんまりうんぬんしない協定のようなものがある。

口の中を冷やし、ノドを冷やし、気持ちを冷やして胃の腑《ふ》に落ちていく。

同じ麺類の豚骨ラーメンと比べてみるとよくわかるが、この清涼感、この爽やかさ、清々《すがすが》しさ。

ソーメンは古来、そういう評価が定まっていた。

その清純派代表のようなソーメンがですよ、ここへきて、いいですか、驚かないでくださいよ、「焼き肉味のつゆ」「担々麺味のつゆ」「カレー味のつゆ」「ラーメン系鶏塩味のつゆ」といった連中と交《つ》きあい始めたのです。

清流で泳いでいた鮎が、突然担々麺の川に放り込まれたようなものではありませんか。

やっていけるのか、そんなところで。

急に身を持ちくずした、というか、清純派の女優が突然「日活ロマンポルノ」（古いナ）に出演し始めたというか。

一夫にまみえていた貞女が、急に二夫にまみえ、多夫にまみえるようになるという傾向は、実は以前からあったことなのです。

納豆に納豆用のタレがつき始めたのがこの傾向の嚆矢《こうし》だったような気がする。

それまで納豆は醤油一筋だった。

卵かけごはんも、醤油一筋だったのに、専用のものが出現した。

冷やし中華もかつては醤油味だけだったのにゴマだれが加わった。

おにぎりは梅干しと鮭とおかかぐらいだったのにいまや百花繚乱。

そうした傾向の中で、ソーメンだけが孤塁《こるい》を守ってきた。

人間の世界でも、堅物《かたぶつ》だった人ほど、一度、浮気を始めると見境がつかなくなるというが、ソーメンもまさにそれだったのだ。

で、その後のソーメンの身の上はどうなったのか。


　悪い男たち（焼き肉味のつゆ、担々麺味のつゆなど）にだまされて、いまどういう生活を送っているのか。

説教の一つもしてやろうと現場に踏み込んでみたら、これが意外にちゃんとやっていってるんですね。

　焼き肉味のつゆ、ソーメンに合います。

担々麺味のつゆとソーメン、和気あいあい。

カレー味のつゆに至っては、カレーうどんというものがあるくらいだから、本来のソーメンのつゆ以上。前夫以上。

考えてみると、ソーメンは白いご飯と同じで来る味を拒まない。

みんな幸せそうに暮らしていて、説教の一つもと乗り込んでいったのに、説教の返り討ちにあいました。

ただ一つだけ、いまの暮らしに心配事があった。

この流れでいくと、ソーメンのつゆは更に様々に発展していって、たとえばマヨネーズ系、トロロ芋系、納豆系というような、粘り系のつゆもいずれ出てくるに違いない。

もしそうなったら、流しソーメンはどうなる？

（『メンチカツの丸かじり』所収「ソーメンのつゆに異変」）

味噌をまぶす？　不安しかない

「ソーメンを味噌で食べる」

と聞いて、

「一体どんなことになるのか」

と思わない人はいないでしょう。

どんなことになるのか、といったって、そのことで家庭が不和になる、とか、七年間苦しんだ糖尿病と関節の痛みと飛蚊症《ひぶんしょう》がいっぺんに治った、とか、いうことになるわけではない。

一体、どんな味がするのか。

ソーメンというものはもともとサッパリ系の食べ物で、夏バテで食欲のないときのための緊急充当食品ということになっている。

トンコツラーメンはコッテリ。

ソーメンはサッパリ。

これが日本の常識である。

その、サッパリを旨とするソーメンを味噌で食べるとどういうことになるのか。

ソーメンを食べるに際し、

「さて、何で食べよう」

と迷う人はまずいない。

ソーメンは氷水で冷やし、そばツユよりやや甘めのソーメンツユで食べる。

「ジャムつけて食べてみっか」

という人がいないのと同様、

「味噌つけて食べてみっぺか」

と思う人もいないはずだ。

と安心してはいけません。

ソーメンに味噌をまぶして食べる人々がいるのです。どこの地方の人々か、大体予想はつくでしょう。

納豆といえば水戸、米といえば秋田、ブドウといえば山梨、味噌といえば、そうです、名古屋です。

名古屋市内の大須。大須観音という寺があって、東京でいうと、ちょうど浅草のような雰囲気の街並みが続いている。その中の茶店風の店「栗子《くりこ》」という店の、夏のメニューの一つとして「ミソソーメン」がある。

「ミソソーメン定食」というのもある。ラーメンライスならぬソーメンライスなのだ。

と、びっくりしていると、追いうちをかけるように「カレーニューメン」というものがあり、さらに追いうちをかけるように「カレーニューメン定食」というものもあり、呆然としていると、「カレー雑炊」というものがあり、「カレー雑炊定食」というものもある。

店内では客同士が、

「これは珍しぃてかんわ」

とか、

「どえりゃー、うみゃーもんだわ」

などと騒いでいるかというと、さにあらず、みんな当然のように、おだやかに「カレ

ー雑炊定食」なんかを食べているのだ。

食の魔境、名古屋。

店内には「ミソソーメン」の横に、「酢ミソでどうぞ」という表示がある。

「ああ、そうか、酢ミソか。それならいくらか納得できないこともないな」

と思っていたら、その考えは甘かったことがあとでわかった。

「ミソソーメン　四八〇円」

器の中に氷水、その中にソーメン、その上にキユウリ二切れ、ブドウ一粒、ナンテンの葉、ここまではふつうだ。その左側のそばチョコ風のものの中に入っているのはドロリとした感じの赤黒い八丁味噌。その上に白いゴマがおよそ百粒。不気味なのは、その百粒の白ゴマの一粒たりともミソの中に沈んでいないことだ。

不安になって箸で味噌を掻きまわしてみると、はたしてこの味噌はユルユルではなく、マヨネーズぐらいのボッテリ状態なのだ。

この味噌の上に、氷水から引き上げたソーメンをのせても、ソーメンは味噌の中に沈んでいかない。したがって、箸でソーメンに味噌をまぶして食べることになる。

酢ミソということになっているが、酢の味はほとんど感じられない。

うんと甘くした八丁味噌そのものの味だ。

それをまぶしたソーメンの味は、サッパリではなく、むしろボッテリ。

ソーメンはツルツルとすするものだが、なにせ濃厚な味噌がまぶされているので、ツルツルとはいかず、むしろズルズル。味噌が飛び散る危険があるので、ズルズルというより、ズ、ズ、ズルッ、ズ、ズズ。

あのよう、言わせてもらうけどよう、ソーメンそのものはとてもウマいけどよう、これだとソーメン食べてんだか味噌なめてんだかわからんでよう。

たしかにソーメンはとてもウマい。
「ミソソーメン定食」は、ミソソーメンに山菜ゴハンと味噌汁がついて七〇〇円。
むしろ、こうなってくると定食のほうが正解かもしれない。ソーメンを濃厚味噌にまぶしたものはゴハンのおかずになる。
よそ者にはいささか抵抗があるが、名古屋の人々には、この味こそが美味そのものなのにちがいない。

その証拠に、トコロテンも味噌で食べさせる店がある。

ミソトコを食べさせる店は、中区錦にある甘味処風の店「雀おどり」。

味噌色に染まったトコロテンの上には、刻み海苔、またしても白ゴマ、そしてワサビ。

この店にも「酢味噌で」という表示があるが、酢の味はほとんどせず、甘味を加えた八丁味噌の味。

したがって、トコロテン全体も味噌の味。

名古屋駅構内では、「味噌カステラ」というものを売っており、「味噌オムライス」を出す店（「ポワソンドール」）もある。

名古屋地方の犬猫は、小さいときからこうした味噌嗜好の名古屋人に育てられているため、ペットフードにも「角切りビーフやわらかタイプ味噌味」などというものが売られている、かというと、そういうことはありません。

（『タケノコの丸かじり』所収「味噌ソーメン」）

ストローで吸ってみた!!

「ビールをストローで飲むと酔いが早くまわる」

とか、

「日本酒をストローで飲むと急激に酔う」

とか、

「ウイスキーのストレートをストローで飲んだとたん、目がまわって倒れた」

とかの、酒とストローにまつわる話、聞いたことありませんか。

ぼくは、もう何十年も前に聞いていて、本当だろうか、と思いつつも試してみたことはなかった。

まわりの友人、知人に訊いても、試した人は一人もいない。

こんな、やろうと思えばすぐにも出来ることを、みんな、なぜやらないのだろう。

ストローなんて、大抵の家の台所の引き出しに、二本や三本入っているはずで、晩酌《ばんしゃく》のついでにやってみる機会はいくらでもあるのに誰もやらない。

なぜか。

といったようなことをふと思い出した。

いま、まさに、缶ビールを開けて飲もうとしているときに思い出した。

そこでただちに台所に行き、ただちにストローを見つけ、ただちにビールをコップにあけて、その中にストローを差し込んだ。

吸う。

ストローを通してビールが口

の中に吸い込まれる。それをゴクンと飲む。

全然おいしくない。

ビールというものは、強制的、連続的に口の中に流し込み、それをゴクン、ゴクンと強制的、連続的にノドの奥に送り込んで飲むところにそのダイゴミがある。

ストロー方式では、ビールをこっちから迎えにいくことになる。

ビールを吸う。

おいしいはずがない。

問題の〝酔い〟のほうはどうか。

一缶飲み終え、しばらく様子を見ていたが、いつものゴクゴク飲みと全然変わらない。

結論。

ビールをストローで吸って飲んでも、全然おいしくないし、全然酔いも変わらない。

ということで、ふつうだと、ここでこの話は打ち切って、ハイ、おしまいということになって、ナンダ、ナンダ、オレたちをバカにしたのか、となって、読者騒然、ということになるのだが、そうはなりません。

ストローで一缶飲み終わって、酔い具合を確かめているとき、次のような発想を得た。

トコロ天である。

トコロ天をストローで飲んだらどうなるか。

第一、ストローでトコロ天は吸い込めるのか。

発想の転換も、ここまでくると、無責任といわれても仕方がないが、発想としては素晴らしいものがある。

有史以来、日本人でトコロ天をストロー飲みした人はいるだろうか。トコロ天は、本来、箸一本で食べるものである、と説く人はいるが、ストロー一本で飲んだ人はいないはずだ。

大急ぎでコンビニに走り、トコロ天を買ってきてフタを開け、水を切り、ツユを混ぜ、辛子《からし》を混ぜてそこへストローを差し込む。

とても不安である。

吸う。

登ってくる登ってくる、トコロ天がストローの中をニュルニュルと登ってくる。

トコロ天が二、三本ずつ、ストローの中をからまり合いながらトコロ天の滝登り。

滝登りが次々に口の中に入ってくる。酸っぱいツユもバランスよく入ってくる。

ドドッとではなく、二、三本ずつ、ツユといっしょに入ってくる。

ここのところが新鮮だった。

ふだんのお箸で食べる食べ方だと、トコロ天がドドッと口の中に入ってくるが、これだと、二本、三本、ときには一本、ニュルニュル入ってくる。

ツユとバランスよく入ってくる。

トコロ天そのものの味がかえってよくわかるし、ツユ自体の味もよくわかり、両者の相俟《あいま》ったおいしさもよくわかる。

このほうがトコロ天の正しい食べ方なのではないか。

ただ、ときどき、辛子のカタマリが、突如、鼻孔のつけ根のところをジカに直撃することがあるので、この点だけは充分気をつけるように。

トコロ天のストロー食い、大成功であった。

成功の喜びにふるえながら、口を拭《ぬぐ》い、水など飲んでいるうちに、またしても次のような発想を得た。

トコロ天が大成功であるならば、ソーメンはどうか。

ソーメンのほうが、更なる大成功が見込まれるのではないか。

ソーメンを買ってきて茹《ゆ》でる。

ソーメンとツユを氷で冷やす。

いざ。

ソーメンが登ってくる登ってくる、トコロ天のときより威勢がいい。

冷たいツユもいっしょに登ってくる。

駆け登ってくる、といったほうがいいのかな、喜び勇《いさ》んで、といったほうがいいのかな、その勢いが見ていて気持ちいい。

そして、おいしいんですね、これが。

楽しいんですね、これが。

口にくわえたストローの筒先で、ツユと氷の間を逃げまわるソーメンを追いまわし、追いつめ、吸い上げる。

左手にウチワを持ち、あ、浴衣《ゆかた》も着たほうがいいな、それでもってソーメンの群れを吸い上げ、「捕れたー!」とか言ったりすれば、これはもう立派な夏の風物詩。


(『サンマの丸かじり』所収「ソーメンをストローで!!」)

ワーイ！　家で回せる「ソーメン太郎」

本編に登場する人々
おばさんA。おばさんB。
デパート女店員。ぼく。

朝、朝刊を読もうと思って取りあげると、一枚の折り込み広告がハラリと落ちた。

そのハラリは「暮らしに役立つアイデア商品フェア」というハラリであった。

新聞紙大の紙面に、カラー写真でビッシリ、全部で百五個のアイデア商品が並んでいる。

ぼくはこのテの折り込み広告に目がないタチなので、「しめしめ」と思い、「あとでゆっくりね」と思い、大急ぎで新聞を読みおえた。

新聞を読みおえ、「いよいよだな」なんて思いながら、胸をおどらせて一つ一つ見ていくと、この広告のエントリーナンバー⑨のところに、「ソーメン太郎（流しそうめんのおいしさをご家庭で味わえます）」というものが載っていたのである。

一年ぶりの再会である。

たしか去年の夏にもこういう広告が配布され、そのときも「ソーメン太郎」が載っていて、「ヨシ、買いにいこう」と思っているうちに、忘れて買いそびれてしまった商品だったのだ。

ぼくはとるものもとりあえず、小走りになって買いに出かけた。

吉祥寺の近鉄デパートである。

現物は写真よりずっと立派だった。

五人前用の寿司桶風で朱のうるし塗り風。寿司桶のまん中に孤島があって、そこに具や薬味をのせる仕掛けになっている。単一乾電池二個で動く。一度にあんまりたくさん入れると動きません。駆動部は水洗いできません。というようなことが、説明書によって判明した。

そのとき一人のおばさんが近づいてきた。

「アー、これが、例のあの……」

おばさんも広告を見て知っていたようだ。

ぼくはこの現場の先輩として、

「ここに水を入れて、ここに薬味をのせ、ここのスイッチをこう押すと」

と教えてあげようとしたとき、おばさんは、

「アー、そうなんだ。ここに入れたソーメンがグルグル回るわけなんだ。まあ、まあ、ごていねいなことで」

と、つぶやくのであった。

あきらかにバカにしたつぶやきであった。

買おうと思って、小走りでやってきた人間の出鼻をくじくのに十分なつぶやきであった。

そこへもう一人のおばさんがやってきた。

すると、おばさんAは、

「ここへソーメンを入れるとグルグル回るの」

と、この場の先輩のぼくをさしおいて、おばさんBに説明するのだった。

おばさんBは「アハハハ」と笑い、「こんなもの買う人いるのかねえ」と、大きな声で言うのだった。

ぼくは、二人のおばさんが十分遠くに立ち去るのを見届けてから、〝太郎〟の入った大きな箱を取りあげてレジに向かった。

レジ前の女店員は、「オヤ」というふうにこの箱を見つめ、

「アラマア、この人は本当にこれを買っちゃったのね」

というふうにぼくをチラと見つめるのだった。

買って帰ると身辺はにわかに忙しくなった。

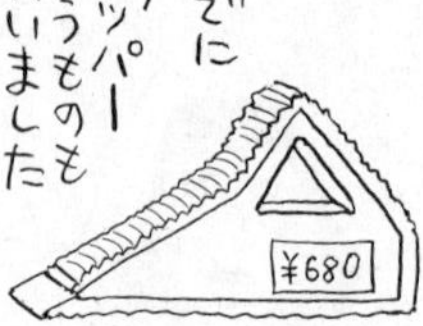
ついでに
ドア
ストッパー
というものも
買いました
¥680

一刻も早く流しソーメンを食べたい。心はあせる。胸はおどる。

ソーメンの薬味と具はどんなものか。

本を見ると薬味はネギ、シソ、ミョウガ、生姜。具は錦糸卵、干ししいたけ、ミツバ、などとある。

鯛ソーメンというものもあって、「鯛一匹はウロコを取り、エラぶたを持ち上げてエラを取り出し……」などと書いてある。

しかし、いまは心があせっているので、鯛のエラぶたを持ちあげているヒマはない。

もどかしく麺をゆでる。

もどかしく、ネギとシソを刻む。

〝太郎〟のミゾに、水と氷を入れる。

孤島にネギとシソをのせる。

あせっているので具はなしだ。

ミゾにソーメンを入れる。

あとはスイッチ・オンだけだ。

なんだか胸がドキドキする。

買って帰ったとき調べたのだが、箱にも説明書にも〝太郎〟のどこにも、製造会社名が書いてないのだ。

会場のみんなにも十分にバカにされた品物だ。

もし回らなかったらどうしよう。

スイッチ・オン。

はたして回らないのだ。ウィーンという小さな音がして、水の表面にさざ波が立つだけだ。

悲しくなって、箸でソーメンを押してやる。どんどん押してやる。

どんどん押して、勢いがついて流れだしたところを箸ですくって食べる。

手動式の流しソーメンだ。

「しかし、いくらなんでも」と思いなおし、説明書をもう一度よく読むと、「水をフチ

の線まで入れる」と書いてある。水が全然足りなかったのだ。

水を足して再びスイッチ・オン。

ワーイ。ワーイ。

ソーメンが元気に回りだした。ワーイ。ワーイ。

いやあ、なかなかいいものですね。

ソーメンがグルグル、グルグル回っている。

グルグル回ってようく冷えたところを、待て、待て、とすくって、ようく冷えたソーメンのツユにひたしてチュルチュルとする。

〝寸前まで動いていた〟という感覚が、麺をいっそうおいしく感じさせる。

トレトレの感覚ですね。

ふつうのソーメンは、あたりまえの話だが動かない。丼《どんぶり》の中でじっとしている。

じっとしているはずのものが元気に動いているところが好もしい。

食卓に活気が出る。にぎやかになる。

単身赴任のおとうさんなんかにいいかもしれない。

このミゾに入れれば何でも流れる。

流しうどん、流しトコロ天、流しおかゆ、流し味噌汁なんてのもいい。

プラスチックの小皿にお寿司をのせれば、たちまち回転寿司開店となる。

ワーイ。ワーイ。

（『伊勢エビの丸かじり』所収「回転ソーメン開店す」）

京の川床で流しソーメン

流しソーメンを知っている人は多い。

「ほら、あれでしょ。長い竹を半分に割った樋《とい》のようなものの前にすわって、上から流れてくるソーメンをすくって食べるアレでしょ」

と、だれもが口をそろえる。

だが、実際に食べたことがある人となると、急に少なくなる。

第一、流しソーメンをやっている店がめったにない。

夏の初めに「流しソーメン始めました」という貼り紙を出す蕎麦屋が一軒ぐらいあってもいいと思うが、そんな店は聞いたことがない。

テレビのグルメ番組などでやっている流しソーメンの場面を見ていると、流れてくるソーメンを箸ですくいあげて、ツユにひたして食べている。

ただそれだけなのだが、よく考えてみると、数々の疑問がわいてくる。

ソーメンはどこから来るのか。

ソーメンは水といっしょに、メダカの大群のように絶えまなく流れてくるのか。

それとも、ある程度まとまって流れてくるのか。

その場合、一定の間隔をおいて流れてくるのか。

樋の上流の人は圧倒的に優位で、下流の人はカスばかりすくいあげることにはならないのか。

どうです。あんな単純な動作の中に、これだけたくさんの疑問が隠されていたのです。

「ぜひ、このナゾを解きあかしたい」

と、ずーっと思い続けて、はや十年。

ついに見つけました、流しソーメンをやっている店を。

あるにはあったが京都にあった。

で、行きました、京都まで、ソーメン食べに、半分ヤケで。

京都は左京区、鞍馬山の近くの貴船町。「ひろ文」という会席料理の店が流しソーメンをやっている。

川幅十メートルほどの貴船川に板を敷き渡して川床《かわどこ》とし、その上で流しソーメンを食べる。

貴船川の手前が道路で、その反対側は杉の大木がうっそうと立ち並ぶ、きりたった山。

その日も相変わらず猛暑だったが、川床の上のうすべりにすわると、クーラーとは違った川の冷気がひんやりと肌に心地よい。

川のせせらぎ、杉の大木の梢からは降りそそぐような蟬しぐれ。

流しソーメンを食べるにはこれ以上の舞台装置はない。

川床の広さはおよそ三十畳。

川に直角に二本の樋が渡してある。

樋の内側にはピカピカのステンレスが貼ってあって、これはソーメンのすべりをよくするためらしい。

流しソーメンコースは、温泉卵のツキダシがついて、お一人様千円。

とりあえず温泉卵をツルリと飲みこみ、よく冷えた大ジョッキをゴクゴク飲む。川の真上でゴクゴク飲む。

樋の前にすわる客は二組まで。

「二本の樋の上側は手前のお客様用。下側は奥のお客様用ですからお間違えのないように」

と係のおねえさんから注意がある。

そうであったか。それぞれが専用の水路をあてがわれるわけであったか。

そう言い終えると、おねえさんは樋の先端に建っているヨシズ張りの小屋の中に消えるのであった。

二本の樋の先端が、この小屋の中に引き込まれている。

ちなみにぼくが小屋に近い上流の客で、もう一組（中年夫妻）が下流の客であった。

いよいよ流しソーメンが開始されるのだ。

「さあ、こい」と箸を右手に持って待ちかまえていると、流れてきました、ひとかたまりのソーメンが。

思わず手を出そうとして、これは中年夫妻専用の水路であったことに気づく。続いてわがほうの水路にもソーメンのかたまりが……。

かなりのスピードで流れてくるのを箸ですくって、ようく水気を切り、ツユにひたしてツルツルとすすりこむ。

樋を流れる水は湧き水とかで、ソーメンはよく冷えていて、歯にしみわたりノドにしみわたる。

麺にはコシがあり、ツユもダシがよくきいていて実にうまい。

あとで小屋をのぞいてみると、おねえさんは一回分のソーメンを手でさばいて軽く結ぶようにして流し入れている。

こうすることによってソーメンはバラバラにならず、客はひとすくいですくいあげることができる。
一回分は大体二すすりで、二すすりすすりこんで次の放流を待つ。
次の放流まで少し間がある。樋の前にきちんと「おすわり」し、少し前のめりになってじっと水面を見つめながら次の放流を待っていると、「待て」を指示されて「おあずけ」を食っている犬のような心境になる。

次のソーメンがなかなか来ないと、思わずお尻をモゾモゾさせたくなる。

しっぽなんかも振りたてたくなる。

それでも来ないと、息づかいもハアハアと荒くなり、水面に向かって思わず「ワンッ」と吠えたくなる。

小屋の中ではおねえさんが、ヨシズの陰から、二組の客の食べぐあいを見ながらタイミングをはかって放流しているらしいのだが、おねえさんの思惑と客の思惑は必ずしも一致しない。

どうしても「ワンッ」と吠えたくなるひとときがある。

おねえさんとしては、下流で口を開けて待ってる鯉にエサを撒いてる心境なのかもしれない。

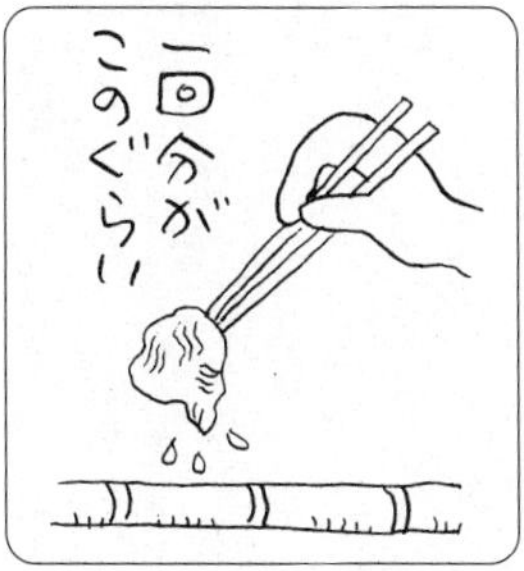

お一人様十回ぐらい放流されただろうか。小屋から、

「これでおしまいです」

という声が聞こえてきて、流しソーメンはおしまいとなった。

最後にトコロテンとか水ヨーカンとかミカンなんかが流れてきて、

「デザートです」

なんてことになったらもっとよかったのにね。

（『マツタケの丸かじり』所収「流しソーメン初体験記」）

鍋焼きうどんに至る病

あつあつ案件報告書

たったいま、鍋焼きうどんを食べて帰ってきたところです。

荻窪の駅ビルのうどん屋で食べてきたのだがまだ体が熱い。口の中が熱い。煮えたぎってましたもんね、テーブルの上に置かれたときは。

「熱いので気をつけてください」

と店のおねえさんが言ったけど、その鍋のたぎり具合を見れば誰だって気をつけます。

鍋焼きうどんは、どの店でも鍋の片隅がまだ煮たっているものだが、この店のは片隅どころか鍋全体がボコボコ音をたてている。

で、その顚末を誰かにしゃべりたい、報告したい、そういう気持ちになっているところなのだが、エート、ホラ、サラリーマンだと出張から帰ってくると報告書とかいうものを書くことになりますよね。

ボ、ボクは鍋焼きうどんの
卵が大好きなんだナ
ゆで卵とも半熟卵とも
煮卵とも違う
「鍋焼きうどんの卵」
というものなんだナ
うどんのツユがしみていて
旨いんだナ　これが

そんなふうに書いてみようかな。なんて思ったので、そんなふうに書いていこうと思います。出かけて行くときは「今夜はいやに冷えこんでいるから鍋焼きだな」なんて軽く考えていた、というか、鍋焼きうどんを舐めていた。

出張でいうと「大した案件のないラクな出張」ということになるのかな。

そうしたら難題続出。

処理しなければならない案件山積。

熱い、なんてことは大した問題ではなかった。

案件ということで考えると、

たとえばきつねうどんだと、案件①油揚げ、案件②麵、案件③ツユということになり、三件片付ければ終わりということになり、ラクということになる。

鍋焼きうどんとなると案件は急激に増える。

鍋の中に案件累々。

そのうどん屋はうどんの専門店なので、うどんに対する店主のリキが入っている。

鍋焼きうどんのたぎり具合からもわかるように、相当な思い入れがあるみたいなんですわ。

なんですわ、なんて急にヘンな言葉づかいになったが、うどんてこういう言い方のほうが似合うんじゃないか、といま急に思いついたんですわ。

まずこの店の鍋焼きうどんの具の数、すなわち案件の数。

①海老天（でかい）、②カマボコ、③油揚げ、④椎茸、⑤鶏肉、⑥エノキ、⑦白菜、⑧ホウレン草、⑨ネギ、⑩卵。

さあ、この十案件をどう処理していくか。

どれから手をつけて、具をどういう手順で食べていくか。

ふつう、まずレンゲでツユを一口すすってうどんを一口、二口、そして「さて」という段取りになる。

この「さて」は、どの具からいくかの「さて」である。

　ここで言っとかなければならないことがあるんですわ。

　実を言うと、鍋焼きうどんを注文したとき、おねえさんが「鍋焼きは時間がかかるけどいいですか」と言うので、そうか、じゃビールを一本取るか、となるとお新香も取るか、ということになって注文したんですわ。

　ところがこのお新香が豪華版で、①キュウリ、②カブ、③タクアン、④山牛蒡《やまごぼう》が山のように盛り合わせてある。

　これから鍋焼きうどんを食べるわけだが、その合間に当然ビールを飲むことになるし、お新香もつまむことになる。

　そうなると、さっきの「さて」は鍋焼きうどんに対する「さて」だけでなく、ビールとお新香に対する「さて」でもあるということになる。

　ここで案件はいくつになったのか整理しておきましょう。

　鍋焼きうどんの案件が十、ビールが一、お新香が四で合計十五件になった。

　この十五件の案件を、前後左右案配しながら食事を進行させていくことになったのだが、事態は

更に紛糾の度合いを深めていきます。
さっきも書いたように、この店はうどんにリキが入っているので、テーブルの上の七味などが載っているトレイが充実しているんですわ。
①七味、②一味、③すりゴマ、④すりおろした生姜、⑤揚げ玉。
ここでまた案件の数を整理しておきましょう。

さっきの十五件に五を足して二十件。

二十もの案件をかかえながら食事をしていくことになったんですわ。

「大した案件のないラクな出張」どころではなくなってきたんですわ。

実際にはどういうことになったか。

こういうことになっていったんですわ。

さっきの「さて」のところからいきます。

「さて」のあと、まず海老天、海老天を半分かじりとって元のところに置く。

この鍋焼きはいまだに煮えたぎっていて物すごく熱いということを頭に入れておいてくださいよ。

うどん再び。次椎茸。次カマボコ。ツユずるずる。うどん再び。まだ火傷しそうに熱いです。汗ダラダラ。背中のほうまでダラダラ。そうそうビール飲まなくちゃ。お新香も。カブ？　キュウリ？　いや山牛蒡？　二本？　三本？　うどん再び。ツユ再び。そうそう卵。レンゲですくって一口で？　いや箸でつついて散らす？　うどん再び。ツユ再び。熱いです。暑いです。アゴからも汗ポタポタ。ハンカチ、ハンカチ。ビール、ビール。お新香、お新香……。

もう気も狂わんばかり。

気を取り直してうどん再び。

ネギ、ネギ。鶏肉、鶏肉。ホウレン草、ホウレン草。うどん再び。ツユ再び。汗、汗。ハンカチ、ハンカチ。

最後は半狂乱ですわ。


（『アンパンの丸かじり』所収「鍋焼きうどん、たぎる！」）

まず、風邪を引くべし

四、五人で昼めしを食べに店に入ったとき、決まって変わったものを注文する人っていますね。みんなと歩調を合わせない人。

こういう人は喫茶店でも同じ行動をとる。

みんながコーヒーを注文しているのに一人だけ「ミルクある?」なんて言って事態を紛糾させる。

「トマトジュースにタバスコふりかけて持ってきて」なんて言って座を白けさせる。別に得意がってるわけではなくて、彼のふだんの思考の様式が、そういう結論を導きだしてしまうらしい。

こういう人です、そば屋に入ったとき鍋焼きうどんを注文する人は。

みんなが、きつね、とか、たぬき、とか、ザル、とかの平穏なものを注文しているのに、一人メニューから目を離さずじっくりと考え、おもむろに「鍋焼きうどん」なんて言う。

さあ大変です。

店側も大変だが、連れ一同もこれから大変なことになる。

まず店側——。鍋焼きうどんは、そう滅多に出るものではない。

滅多に使わない土鍋を取り出し、ふだん使わない伊達巻きを探し出し、花麸《はなふ》なんてものも見つけ出し、やれホウレン草だ、カマボコだ、椎茸だ、エビ天だ、鶏肉だ、ネギだ、卵だ、と目まぐるしいことになる。ようやく作り終えて、「ほんとにもう、注文した奴はどいつだ」

なんて、店のオヤジが調理場からのぞいたりする。

連れ一同のほうはどうか——。鍋焼きうどんは手間と時間がかかる上に、熱く煮えたぎっているからお運びさんは運ぶのにも慎重を期さねばならない。

卓上に置くときにも慎重を期さねばならない。運ぶのにも、置くのにも、ザルそばの倍は時間がかかる。

連れ一同が、きつねやザルを、あらかた食べ終わったころ、鍋焼き男はようやく箸を割る。

箸を割って鍋のフタに手をやり、「アチチ。おーアチー」なんて言って手を耳たぶに持っていったりするから、ますます時間がかかる。

ようやくフタを取ると湯気もうもう。

この鍋焼き男が、メガネをかけていたりすると事態は更に悲惨なものになる。

メガネをはずして曇りを拭く。

しかも、ゆっくり拭く。

連れ一同が、最後のツユを飲み干しているのに、ゆっくりとメガネを拭いている。そういうことには頓着しない人なのだ。

また、そういう人だからこそ、あとさきのことを考えずに鍋焼きをたのむのだ。

鍋焼きうどんは、卓上に到着してもまだ煮えたぎっているから食べるのにも時間がかかる。ザルそばの、まあ五倍はかかる。

とっくに食べ終わった一同は、フーフーなんて、ゆっくりさましながら食べている鍋焼き男を、身もだえしながら見守ることになる。

この場合は、鍋焼き男がグループ行動としての選択を誤っただけであって、鍋焼きうどん自体には何の罪もない。

鍋焼きうどんはおいしいものである。

まず、うんと熱いのがいい。

それから、賑《にぎ》やかな具、これが嬉しい。

具の主役、エビ天の状態がいい。

エビ天の周辺の状況もいい。

エビ天のコロモが、周辺の熱いツユで溶けかかっている。この部分が旨い。

すでに溶けて、周辺の油ぎったツユの中に浮遊しているのもある。

これを太いうどんといっしょにすすりこむとこたえられない。
さっきの鍋焼き男は、大勢のなかで、たった一人鍋焼きうどんを注文したのがいけなかった。グループの歩調を乱した。
五人なら五人、全員が鍋焼きを注文すれば少しも問題はなかったのである。
ま、グループ自体としてはそれでいい。

しかし〝見た目〟という観点からみるとどうだろう。

五人の男がテーブルを囲んで全員鍋焼きうどんを食べている図、というのを、ちょっと想像していただきたい。

何かこう、ふつうでない〝異常な集団〟と見られても仕方がないような気がする。

ということになると、鍋焼きうどんは結局一人で食べるよりほかはないということになる。

今度は、男が一人、そば屋の片隅で鍋焼きうどんを食べている図、というのを想像していただきたい。身なりもいい。恰幅《かっぷく》もいい。これで天ぷらそばでも食べていれば申し分ないのだが、鍋焼きうどん、というところが問題である。急に情けない感じになる。

「その身なりと恰幅で、何も鍋焼きうどん食うことないじゃないか」

という気になる。あんまり出世をしそうにない印象が、鍋の周辺からそこはかとなく漂ってくる。

こうなってくると、「それじゃ一体全体、鍋焼きうどんは、どこで、どういう状態で食べればいいんだ。エ？　どうなんだ」という鍋焼きファンの怒りの声が湧きあがってくるにちがいない。

あります。

鍋焼きうどんが、これ以上はない、というぐらい似合う食べ方があります。

まず、風邪をひいてください。

風邪をひいて寝こんでください。

そうして夕食どき、出前で鍋焼きうどんを取ってもらいましょう。

自家製でもいいのだが、これだと雰囲気がいまひとつ盛りあがらない。

そば屋の、あの古ぼけてハゲかかったあずき色の四角い盆、あれがどうしても必要なのだ。あのお盆が、寝こんだ枕元にあって、その上で、鍋焼きの鍋が湯気をあげている、そういう状況が欲しい。

そうしてですね、もうひとつ贅沢をいわせてもらえば、上にかける布団は夜着であって欲しい。かいまきともいう、袖《そで》のある布団、あれに寝ていて欲しい。

これで条件はすべて整った。

では、熱のある体で布団の上に起きあがってもらいましょう。

布団の上にあぐらをかき、夜着を肩からかける。鍋焼きを、ハゲお盆のままヒザの前に引き寄せ、うんと背中を丸めて熱いのをズズズズとすすりこむ。

隣室から家族の夕げの楽しげな会話が聞こえてくるなかで、一人寂しく鍋焼きうどんをすする。

これが、鍋焼きうどんの最も似つかわしい食べ方なのである。

全部は食べきれずに、カマボコ一切れ、鶏肉小片1、うどん三十七本、ツユ三分目ほど残してやめにし、「アラ、けっこう食べたじゃないの」なんて声を聞きながら、力なく布団にもぐりこんで大汗をかく、というぐらい、ややこしい手順と形式を必要とするものなのですね、鍋焼きうどんは。

（『キャベツの丸かじり』所収「鍋焼きうどんに至る病」）

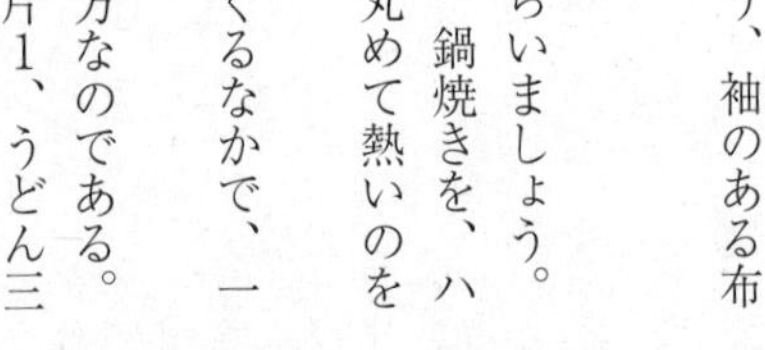

うどん屋で絶体絶命

自分のなに気ない行為が、周りの人を不幸のどん底に突き落とすことがある。めったにないことだが、たまに起こる。

太宰治は、自分が生きていることが他人を不幸にする、といっている。生まれてすみません、といっている。

つい最近、ぼくの身の上にもそういう事件があった。

その事件は大きなうどんチェーンの店で起こった。

某月の第二土曜日に起こった。

その日ぼくは、区営の野球場の使用許可書類をもらいに行き、手続きを終えて外に出た。十二時ちょっと前だった。

近くにうどんチェーンの大きな店があった。外に大きな提灯を出した誰でも知ってい

もう目が
見えません
鼻も聞こえ
ません
フッフッ

る店だ。

　ぼくの前にすでに三人の人が並んでいた。ほんのちょっと待っただけでぼくの番になった。

　店のマネジャーらしき男の人に「お一人ですか」と訊かれ、「そうだ」と答え、ぼくは四人掛けのテーブルに案内された。

　店の中は八分の入りだった。

　ぼくは、こういう店特有のカラー写真つきの巨大なメニューをゆっくり眺め、ゆっくり検討し、様々に迷い、やがて「けんちんうどん」（八三〇円）に決定した。

　黒くて厚みのある鉄鍋に入った、いかにも熱そうなうどんである。

その日は北風の吹きすさぶとても寒い日だったので、けんちんうどんは最良の選択だと思われた。

このけんちんうどんが、多数の人々を不幸におとしいれるそもそもの始まりであったことを、そのとき当人は知るよしもなかった。

けんちんうどんを待っているほんの短い間に、なにやら店内は急速に混み始めた。客のほとんどが家族づれであった。

この日は小学校が休みの第二土曜日だった。これが不幸の第二ラウンドであった。

このうどんチェーンの店の近くに大きな団地があった。これが不幸の第三ラウンドであった。

店内はアッという間に満員になり、二十人はすわれる待ち合わせの席も満席となり、立って待つ人さえ出てきた。

席があくのを待つ、老人、夫婦、子供、幼児、若夫婦、カップルといった人々の、ワイワイガヤガヤいう声が大きくなってきた。

見渡してみると、一人でやってきた客はぼく一人だった。

百人は入れるという店内で、一人客はぼくだけなのである。

そうして、この店のマニュアルが、ぼくおよび席があくのを待つ人々をいっそう不幸

このときは
まだ
不幸の張本人に
なることをしらない
うどん

にするのであった。

これだけ大勢の人が待っているというのに、四人掛けのテーブルにたった一人ですわっているぼくの席に、相席の客を案内しないのである。マネジャーは頑として案内しないのだ。

そのことに気づいたとたん、ぼくは急速にあせり始めた。

他の席が客で埋まっているのに、ぼくのところの〝四人掛けに一人〟はとても目立つ。

二十人からなる、待つ人々のうらめし気な視線がぼくのテーブルに注がれている。

こうなったら一刻も早く食べ終え、一刻も早くこの席をあけるよりほかはない。

けんちんうどんがやってきた。

煮えたぎってやってきた。

コンニャク、ゴボウ、ニンジン、レンコン、豚肉の小片が、鍋の中で煮えたぎって踊っている。

それまで、うらめしそうにぼくのテーブルを凝視していた行列の先頭グループ、老婆、夫婦、子供二人が、その鉄鍋を見ていっせいに目を伏せた。

「よりによってまずいものが来ちゃったよ」

口にこそ出さないがそういう目の伏せ方である。

「非常識よねー。こういうときにけんちんうどんなんて」

そういう目の動きである。

よく考えてみれば、ぼくは非難されるようなことは何一つしてない。

そのことは先頭グループにもよくわかっている。

わかってはいるが、四人掛けに一人でけんちんうどんを食べている男を非難したい。

「ドジなのよねー。あんなに大汗かいて大あわてでけんちんうどん食べてもうまくもなんともないでしょうが」

そういうふうに非難したい。

ぼくはもう、流れる汗が目に入ってなにがなんだかわからない。急いで食べようとしても熱くて熱くて鍋の中のものがいっこうに減らない。本当に熱いのだ。まだ煮えたぎっているのだ。

「ドジなのよねー。だから『冷やしうどん』（三三〇円）にすればよかったのよ。そうすればもういまごろは伝票つかんで立ち上がっているころなのよ」

おまけにこの店のうどんはやけに長い。一本四十センチ以上ある。ズルズルズルズルすすっても、全部すすりこむのにかなり時間がかかる。

時間をかけてすすりこんでいるのを先頭グループは、

「もう少し早くすすりこめないものかしらねー」

という目でじっと見ている。

マネジャーだって、

「もしこのテーブルに四人すわっていれば、一人六百円の客としても二千四百円の売り上げ。それがこいつのおかげでたったの八百三十円」

と、うらめしく思っているにちがいないのだ。

生まれてすみません、うどんをすすりつつ本心からそういう気持ちになった。

（『昼メシの丸かじり』所収「うどん屋の地獄」）

そば・うどんの王道をゆく

中央線沿線駅前某店☆☆

今回わたくしは、突然ではあるが食味評論家になった。

食味評論家にもいろいろあるが、わたくしの専門分野は立ち食いそばである。

一年ほど前、わたくしは定食評論家としてデビューし、四軒ほどの定食評論を発表したが、どういうわけか、定食界からも、食味評論界からも全く無視された。そこで今回は装いも新たに、立ち食いそば評論家として再起をはかるつもりなのである。

幸い、この分野は、まだだれも手を染めていない。いずれは、立ち食いそば評論にこの人あり、といわれる重鎮になりたいと思っている。

前回の定食評論は、辛辣《しんらつ》すぎたきらいがあり、これが嫌われた原因のような気がするので、今回は温かい批評、思いやりのある批評を心がけるつもりである。

まだ批評家としての自信がないので、店名はあえて伏せることにする。

中央線沿線駅前某店☆☆（地図略）

かなりはやっている店で、客の絶え間がない。

中年のシェフと、パートのおばさんらしい人と、二人でやっている店である。

わたくしは店に入ると、迷わず「きつねそば」を注文した。

立ち食いそば屋の力量は、きつねそばにこそあらわれると信じているからである。

そばの名店では、客の注文があってからそばを茹《ゆ》で始めるが、こういう店では、そばはすでに茹でられており、各丼に一つずつ投入されている。あとは熱湯に入れて温めるだけだ。

「ぎりぎりまで仕事がしてある」

と、わたくしは好ましく思った。

わたくしの目の前のシェフは（目に光がない）、そばを茹でザルに入れて、チャッチャッチャッチャッを開始した。

チャッチャッチャッチャッは四回である。わたくしとしては、せめて十回はして欲しいと思ったが、これはこれでこのシェフの明確な方針なのだと思うことにした。

そばを丼に投入。揚げをその上にのせる。大きな玉じゃくし

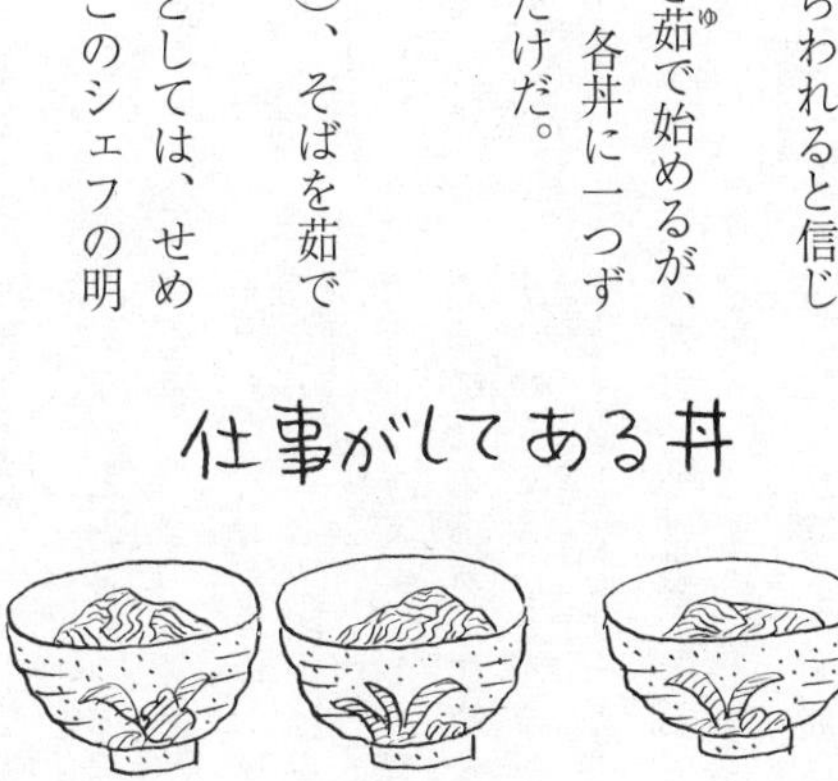

立ち喰いそば
目に光がない
立ち食いそば屋には三つ揃いのおにいさんがよく似合う

でそばつゆをすくってかける。

「おまっとおさん」の声もなくカウンターにドンと置く。わたくしがカウンターに置いた二百七十円を、ジャラッとすくってレジに入れる。その流れるような一連の動きには一分のスキもなく、わたくしはそこに、立ち食いそば職人としての見事な職人芸を見た。

わたくしは、まず刻みネギの容器からネギを取るべく、「ネギつかみ」を取りあげた。立ち食いそば屋のネギつかみは、氷つかみが代用されており、正しく嚙み合わずに必ずねじれているものである。ねじれていて、ネギがなかなかつかめない。しかしわたくしは、このねじれを、立ち食いそば屋の風情としてとらえることにしている。つかみづらいネギを、苦労してつかんでいると、「ああ、わたくしは今、立ち食いそば屋のそばを食べようとしているのだなあ」という実感が、しみじみと湧いてくるのである。

この店のネギの切り方は秀逸である。ネギの切り方に独特の工夫がこらしてある。あるものは厚く、あるものは薄く、あるものは途中で千切れ、切りきれずに数個つながったものさえある。

バラエティーのある切り方、シェフはこれを目指しているようだ。

立ち食いそばの味は、どの店もそれほど変わりはない。せめてネギの切り方で、店の特徴を出そうというシェフの明確な主張、と、わたくしは読みとった。

七味の缶を取りあげる。缶ぶたに、クギで穴をあけた立ち食いそば屋独特の七味缶である。こういう七味缶の穴は、乱暴に開けられているものが

光はあることはあるが別の用途の光である
馬

多いが、この店のは、穴の大きさ、間隔、いずれも一定できちんと揃っている。「七味缶にいい仕事がしてある」と、わたくしは思った。こうした店の七味は、十回振ってようやく三回出る、というぐらい出がわるいのが普通で、打率でいうと三割三分というのがこの業界の常識である。

しかしわたくしは、もどかしいという気には少しもならず、むしろ食事前の腹減らしの運動として適当ではないかと思っている。

ハシを取りあげる。

ハシは簡単には割れず、かなりの抵抗を示したのち、ようやく二つに割れた。

ハシに力がある。こうした店のそばには力がないのが普通だが、そのかわりハシに十分力がある。

簡単には割れない、いい材質のハシを使っているということもできる。

すなわち、材料が十分吟味されているということであり、このシェフの目が、店のすみずみまで行き届いているということを示している。

そばを一口すすってみる。

そばは、よけいなコシや歯ごたえは一切なく、嚙むと、嚙み切れるというよりつぶれるという感じで、いかにも立ち食いそばらしい伝統を感じさせるそばである。

そばは香りが大切といわれるが、そういうものには全く拘泥せず、小麦粉の香りの十分立ったそばである。

では、うどんかというと決してうどんではなく、では、そばかというと決してそばではないという微妙な位置をかたくなに守り続けており、わたくしはその心意気に深く感銘したのだった。

そば粉が何割で、つなぎが何割とかの、むずかしい議論を一切避け、むしろつなぎだけでできているそばといってもよく、わたくしはむしろ、すがすがしい思いさえしたくらいである。

ツユを一口すすってみる。

チャッチャチャッチャッが四回なので、ツユは十分すぎるくらいぬるい。

かけそばは熱いのが命、という人もいるが、立ち食いそばは、急いで食べる客が多い。あわただしく駆けこんできて、あわただしく食べていく人にとって、熱いそばはかえって迷惑である。ぬるいからこそ速く食べられるのである。

食べ手のそうした事情を考えて、シェフは、あえてチャッチャッチャッを四回でとどめたのである。

わたくしはそこに、作り手の、食べ手側に対する細やかな心づかいを感じとって、その心づかいにしばし瞑目した。

油揚げに目を注いでみる。

立ち食いそば屋の油揚げは、半分をさらに三角に二分したものと、フルサイズをドンと出す店とがある。

この店はフルサイズである。

ただ、フルサイズの油揚げのはしが、少しまくれたまま供されたのが気になった。これはやはり、まくれを直してから客に供するべきではなかったか。

作り手のちょっとした心づかいが、食べ手の気持ちをふるいたたせるということを、この店のシェフは知って欲しい。

評価

そばおよびツユ、ネギの切り方、いずれも十分三つ星に値する店だが、油揚げのまくれが気になったので、あえて二つ星とした。今後の精進をのぞみたい。

（『タコの丸かじり』所収「立ち食いそばを「評論」する」）

決断の立ち食いそば

人生は決断の連続である。

朝から晩まで決断ばかりしている。

人間のすべての行動は決断があったのち決行される。

道ばたに五円玉が落ちていたとする。

拾ってもいいし拾わなくてもいい微妙な金額だ。

かがんで五円玉に手をのばした人は拾おうと決断したわけだし、そのまま通り過ぎた人は拾わないという決断をしたことになる。

サラリーマンのおとうさんの場合は毎朝必ず決断しなければならないことがある。

「きょうはどのネクタイをしていくか」

という決断をしなければならない。

やれやれ
これで
ひと安心
！
券売機
ポトン
考えが甘い

大した決断ではないが、決断は決断である。

決断には大した決断と、大したことない決断があると言われている。

たとえばカエサルがルビコン河を渡ると決めた決断と、サラリーマンのおとうさんが、「よし、きょうはこのネクタイ」と決めた決断は、決断という意味においては同格である。

決断は〔きっぱりと決めること〕であり、〔きっぱり〕のところに大きな意味があるのだ。

カエサルもおとうさんも、きっぱりと決めたのだ。

ぼくがつくづく偉いと思うの

は、日本に何百万人のサラリーマンがいるのか知らないが、その何百万人かの人が、毎朝、きっぱりと、「きょうはこのネクタイ」と決断していることだ。

ネクタイを選んでいるうちに面倒になり、

「この問題は厄介だから明日に先送りしよう」

なんて考える人が一人もいないところが偉い。

朝、きちんとネクタイをしめて電車に乗ってつり革につかまっている人は、すべて〝朝の決断〟を済ませた人ばかりなのだ。

決断の結果を胸のところに表明しつつ電車に乗っているのだ。

決断の一本をしめたおとうさんは、昼になればまた新たな決断をしなければならない。

きょうの昼めしは何にするか。

ネクタイ問題と昼めし問題は、サラリーマンの二大決断要綱と言われている。

「懐事情もあるからきょうは立ち食いそば屋でいくか」

と大ざっぱな決断をまずして、おとうさんはいまその立ち食いそば屋に向かっているところだ。

その立ち食いそば屋は、いま歩いている道路（仮に甲州街道としておこう）の反対側にあるので交差点を渡らなければならない。

二十メートルほど前方にある交差点の信号はいま青だ。

青になってからだいぶたっているが急げば渡れそうだ。

急ぐか、それともふつうに歩いて行って次の信号待ちにするか。

こういう場合の決断に要する時間は秒単位だ。

迷いつついま踏み出そうとしているこの右足を駆け足の第一歩とするか、いや、この右足はふつうに歩いて次の左足を駆け足の第一歩とするか。

ルビコン河を渡ろうとして迷うカエサルと、立ち食いそばを食べるために甲州街道を渡ろうとして迷うおとうさんは、渡ろうとしつつ迷うという立場においては同格である。

おとうさんは決心がつかないまま交差点に近づいて行って結局のところ大慌てに慌てて走って渡ることになった。

この場合〝慌てた〟というところが決断といえば決断といえる。

立ち食いそば屋はもう目の前だ。

この立ち食いそば屋は食券式なので、店に入ったらすぐ券売機の前に立って目的の券のボタンを押さなければならない。

ということは、店に入る前に何にするか決めておかなければならない。

あと数歩のうちに決断しなければならないのだ。

「何でもいいや」

と、おとうさんは思う。

だが券売機には「何でもいい」という押しボタンはない。

とにかくどれかを決断しなければならない。

「きつねでいいや」

と、おとうさんは決断する。

「でいいや」という決断は、カエサルの決断とは比べものにならないが、一応、決断は決断である。

「そういえば」

と、店に入る寸前で思い出した。この店には、きつねはきつねでも「温かいきつね」と「冷やしきつね」があるのだ。

ほんの少し迷い、「温かいきつね」と決断する。

ここに至るまでに、おとうさんはいくつの決断をしたであろうか。

立ち食いそば屋に行くという決断、交差点での決断、何でもいいやという決断、いやそれではダメだから何か決めなくちゃ、という決断、その結果きつねにする、という決断、それも温かいほう、という決断……。決断すべきことはすべて決断した、もうこれ以上決断することは何ひとつない。

おとうさんは店に入り、澄みきった心境で券売機の前に立った。

三四〇円をチャリンチャリンと入れ、「きつね」のボタンを押す。

ポロリと落ちてきた食券を拾い上げ、カウンターに置こうとして、ふと、「きつね」と書いてある券の右はじのところを見た。

そこには「そば」と「うどん」という文字が見える。

そうか「うどん」という手もあったな、と、おとうさんは急に迷い、うろたえていると、目の前に、早く決めろ、と決断を迫る店員の目があるのだった。

（『どら焼きの丸かじり』所収「決断の立ち食いそば」）

コロッケそばの流儀

コロッケはソースで食べる。

トンカツソース、ウスターソース、どっちでもおいしいがとにかくソース。

醤油という人もいる。

少数派ではあるが、醤油派の人はなぜかその持論を長々と展開する人が多いので、とりあえずあっちへ行ってもらいましょう。

わたしは時々塩ですという人。

時々ならあれもいいもんです。認めましょう。

あのォ、わたしはいつも味噌つけて食べてるんですけど、という人には、困ったもんだ、とだけ言っておきましょう。

そういうわけで、コロッケはとりあえずソース。

ごく一般的な食べ方は、カリッと揚がってコロモがトゲトゲしているぐらいのコロッケの上から、全域にわたってソースをかけ回す。

いや、わたしは全域にはかけません。これから食べる一角にだけかけます。なぜならば、ソースかけたてのところをすぐ食べるのがおいしいからです、という人もいる。

ことコロッケとなると、みんなやたらうるさいことになるんですね。

いずれにしても、コロッケはカリッと揚がってるのが身上。ベチャッとしてるのは論外。

コロッケでぼくがいつも感心するのは〝コロッケの皮〟という言い方をよくするが、あれ元々は細かいパン粉でしょ。

別に餃子のように皮をかぶせたりしませんよね。

なのに揚げると、ちゃんと表側は〝皮〟になる。

ただの丸いじゃがいもを、ゆでて、つぶして、丸めて、パン粉をつけて、揚げると、表面のパン粉はカリッとした皮になり、中は中身としてホクホクしている。

丸いじゃがいもの変身ここに極まる。

というわけで、コロッケはふつうこのようにして食べる。

これ以外の食べ方ってあるだろうか。

たとえば、せっかくカリッと揚がっているコロッケをベチャベチャにして食べるとか。

ツユとかかけちゃうわけです、ビタビタに。でもってグズグズにしてしまう。

そのグズグズになってドロドロに溶けたコロッケを、ツユといっしょにモロモロとすすり込んで、「あー、おいしい」なんていう食べ方。

あるんです、この食べ方。

多分やったことある人少ないんじゃないかな。

旨いんですね、この食べ方。

立ち食いそば屋に縁のない人生を送っておられる方々は知らないかもしれないが、立ち食いそば屋のメニューに「コロッケそば」というのがあります。

人気メニューです。

ぼくもこれ大好き。ついこのあいだも食べたばっかり。

おいしいのもおいしいが、楽しいんですね、その食べ方が。

食べていくうちに、熱いそばツユにひたったコロッケが次々に変身していく。

その変身していく段階が段階ごとにおいしい。

コロッケはどこからどのへんまでが皮でどこからどのへんまでが中身なのか
このまま曖昧にしておいていいのか?

立ち食いそば屋でコロッケそばを注文すると、カウンターの中のおじさんが丼にそばツユを張り、温めたそばを入れ、コロッケをのせ、刻みネギをかけて手渡してくれる。

そうしたら、とるものもとりあえずコロッケをひと齧りする。

まだツユにひたってないコロッケ本来の味をまず味わうわけです。

そのあとそばを何回かすすってまたコロッケを齧る。

下半身がそばツユにひたって、腰湯状態のコロッケがおいしい。

ここで、しみじみと「コロッケとそばツユって合うんだなあ」と口に出して言いたく

なるんですが言ってはいけませんよ。あそこは〝無言で食べる〟が掟《おきて》ですから。

ここでコロッケをそばの下に沈める。ここから先は本格的にビタビタコロッケ、通称ビタコロにするつもりなのです。

ははーん、わかった、ここから先はかき揚げそばなんかと同じにするつもりだな、かき揚げ天のコロモが熱いツユにひたって、ほとびて崩れてコロモが本体から離れて、その崩れたコロモをツユといっしょにモロモロとすすり込むとおいしいが、それと同じように、コロッケが熱いツユでグズグズに崩れたのをツユといっしょにモロモロとすすり込むとこれがめっぽうおいしい、とか書くつもりだな。と、おっしゃるあなたは考えが甘い。

コロッケそばを知らない人のために
こういうものです

あなたは物事を客観的に見ることができないんです。

わたしはあなたとは違うんです。

コロッケは最後まで崩れません。

コロッケは意外に頑丈で、グズグズにはなるがモロモロになったり、ドロドロになったりしません。

じゃあ、かき揚げそば風の、ドロドロになったのをツユといっしょにモロモロとすすり込んで「あー、おいしかった」って言うことができないじゃないか、ですって？　できるんです。わたしはあなたとは違うんです。箸で突き崩すんです。ほうら、モロモロになったじゃないですか。

かき揚げは植物系の油で揚げるが、コロッケはラード系が多い。

その油の違いが、溶け出たそばツユの味の違いになり、〝ラード系のそばツユ〟がこれまた旨い。

こういうの一度やってみませんか。

深めの皿にコロッケを盛る。

そこへそばツユをコロッケの腰のあたりまで。

上から刻みねぎ。七味唐辛子。

そば屋でいう〝抜き〟の一品。

居酒屋でも堂々の一品。

（『どら焼きの丸かじり』所収「コロッケそばの流儀」）

ちくわ天は「橋渡し」でこそ

食べ歩きは楽しい。

誰だって楽しい。

こんどの日曜日は食べ歩きをしようかな、なんて考えるだけでも心がはずむ。

まずあそこのあれを食べ、ちょっと歩くけどその近くに旨いコーヒー屋があるからそこで休憩がてらコーヒーを飲み、しばらく時間をおいて夕方になったら立ち飲みだけどあそこの焼き鳥屋で一杯やる。よーし決まった、なんて大きく膝をたたいたりする。

食べ歩きというものは、このように次々に別の店に行って様々な味を楽しむことをいう。

ところがですね、つい先日、ぼくはヘンな食べ歩きをしてしまったのです。最初からそういう食べ歩きをしようと思ったわけではなく、結果としてヘンな食べ歩きになって

しまった。

それにしても食べ歩いたものがこれまたヘンだ。

チクワ天そばです。

しかもチクワ天そばだけを、次から次へ三軒も食べ歩きしたのです。

チクワ天そばというのは普通のそば屋にはない。

立ち食いそば屋にしかないから三軒も続けて立ち食いそば屋を食べ回ったことになる。

チクワ天というのは、チクワ丸ごと一本をタテ半分に切って衣をつけて油で揚げたものだ。

ホカ弁の全盛時代に人気になり、立ち食いそばがその志を受けついで今日に至っている。

不思議なことにホカ弁のときのチクワ天はしんなりもっちりしておいしいのだが、そばのときのチクワ天はしんなりしない。

硬直している。

ホカ弁のときは弁当パックの中で蒸されることによってしんなりするのだが、立ち食いそばのときは、箱詰めからいきなり取り出されていきなり丼の上にのせられるから温まるヒマがなく、それで硬直しているのだと思う。

というのは人間側の考え方で、チクワ側にはチクワ側の考えがあることがチクワ研究家によって近年少しずつわかってきた。

チクワは立ち食いそば屋のそばの上の自分が不満なのだ。

自分の本業はあくまでおでんであって、素肌のままおでんのつゆにひたっていてこそ本領が発揮できる。それなのに、なんだかヘンなコロモを着せられて、しかも油なんかで揚げられて、というところが不満なのだという。

それでああして身も心も固く閉ざし、反抗して突っぱらかっているのだ。

ぼくの記憶が正しければ、立ち食いそば屋のチクワ天そばは丼の上に橋のようにかけて供される。

これも研究家によると、チクワ天がどうしてもそばのつゆにひたりたくない、という

チクワ天そばは
切って入れるほうが自然だが
長いのと格闘するところに
趣がある

ので橋渡しという方法がとられるようになったのだそうだ。

ずいぶんとチクワ天の説明が長くなってしまったが、この説明の長さによって、ぼくがいかにチクワ天を愛しているかがおわかりいただけたと思う。

食べ歩きに話を戻す。

ＪＲ新宿駅の改札を出てアルタの方向に向かう通路を歩いて行くと、これはあの通路を利用している人のおそらく9割の人は経験していることだと思うが、左の方角からそばつゆの匂いがしてくるんですね。

いい匂いなんですね、これが。

ふだんなら、いい匂いだな、で済ますのだが、その日はどういう風の吹きまわしか、ふらふらと匂いの方向に歩いて行ってふらふらと店の中に入ってしまった。

こうなったらもちろんチクワ天そばです。

いやあ、久しぶりだなあチクワ天そば、チクワ天が丼に橋渡しなんだよね、と待ち構えていると、やってきたチクワ天そばはチクワ天が橋渡しじゃない。

橋が丼の中に落っこっちゃってる。丈が短く身も細く、そばのつゆに全身がひたっている。丈の短い小さいチクワを、タテ半分に切って揚げてあるのだ。

これではチクワ天は反抗しようにもどうすることもできない。

あまりに気の毒ではないか。

「……」

しばらく無言。しばらく無念。

半分だけ食べて店を出たのだがどうにも気分が治まらない。

チクワ天そばは橋渡しでこそ、と清少納言は言ってないかもしれないが、帰りの電車に乗っても無念は晴れない。

電車が荻窪駅にさしかかったとき、ホームに「そば」の文字が見えた。迷わず降りてチクワ天そばを注文する。
胸をドキドキさせながら待っていると、この店のチクワは、やれ嬉しやふつうの大きさ。なのに何ということか、橋が倒壊している。
橋がナナメになっていて片側がつゆにつかっている。
しょうがないので自分で片側を引き上げてちゃんとした橋渡しにする。これでいいことはいいのだが釈然としない。

チクワ天そばは最初から橋渡しでこそ、と兼好法師は言ってないかもしれないが、自分で工事したものは正しいチクワ天そばとは言えない。

これも半分だけ食べて店を出る。

再び電車に乗ってつり革につかまっていたのだが、望郷の念というか、望チクワ天そばの思いやまず、そうだ、たしか西荻窪の駅前の立ち食いそば屋のチクワ天そばは橋渡しだったはず、と思いつき、すぐ駆けつけたのだが、残念ながらここのも新宿のと同じ小さいやつだった。

いまとなっては荻窪駅の倒壊ものを正式と認めて釈然としておけばよかった、と、やはり釈然としないのだった。

（『ゆで卵の丸かじり』所収「チクワ天そば騒動記」）

復讐の蕎麦入りうどん

ことしの夏は暑かった。

来る日も来る日も暑いと、人はだんだん不機嫌になっていく。

ムシャクシャして何か仕返しをしたくなる。

何か仕出かしてやりたい、という気持ちになる。

世間に迷惑をかけて腹いせをしたい。

どういう迷惑がいいか。

「蕎麦屋に行って、かけうどんとかけ蕎麦をいっぺんに注文していっぺんに食ってやる」

ということを思いついてしまった。

蕎麦屋で「かけうどんと天ぷら蕎麦」を注文する人はいるだろう。

おひとつずつですね
動揺しない頑丈づくりのオバチャン

「かけ蕎麦と盛り蕎麦」の人もいるにちがいない。

だが「かけうどんとかけ蕎麦」は意外な落とし穴なのだ。

日本の蕎麦屋の注文史上初の組み合わせとまでは言わないが、百九十二番ぐらいにはなるのではないか。

実際に訊いたわけではないが、老舗《しにせ》の蕎麦屋のベテラン店員のオバチャンに訊けば、

「わたしはこの道ひと筋四十年になりますが、そういう注文をしたお客さんはこれまで一人もいません」

と答えるにちがいない。

したがってオバチャンは、実

際にそういう注文を受けたらショックを受けるにちがいない。

その伝票をオバチャンから受けとった厨房も騒然となるにちがいない。

ぼくの「かけうどんとかけ蕎麦」という注文の声を耳にしたその周辺の客は、驚いて丼をかかえたまま中腰になって立ち上がるにちがいない。

「かけうどんとかけ蕎麦」の注文は、充分に世間を騒がしたことになり、ぼくの目的は達成されたことになるのだ。

これほどの大事は、近所の店で実行するのはためらわれる。

一駅隣の吉祥寺へ行った。

目指すは、駅の近くの昔ながらの、天丼親子丼もあるというかなり大きな店だ。

かけうどんとかけ蕎麦の注文は、ぼく自身にとっても大きな冒険である。

両者とも、蕎麦屋の最低価格のメニューである。

こういう注文をする客を、店の人はどう見るか。

富豪と見る人は少ないと思う。

だが価格的にみると、かけうどんかけ蕎麦ともに五〇〇円とすると両方で一〇〇〇円、八〇〇円の天ぷら蕎麦の人に優に勝っているのだ。

どうもなんだかヘンな注文をする人、あやしい人、もしかしたらあとで暴れるかもしれない人として警戒されることになるかもしれないのだ。

店に入る。

午後二時、店内に客十一名。

壁ぎわのテーブルにすわる。

メガネをかけたがっちりした体格のオバチャン来る。

ぼく言う。

「かけうどんとかけ蕎麦」

オバチャンのボールペンの先がピクリと動いたあと一瞬止まったが、

「おひとつずつですね」

と落ちついて言い、伝票のかけうどんとかけ蕎麦の欄にナナメの線をチャッチャッと引き、ピッと一枚破ってテーブルの上に置いて立ち去った。

あまり物事に動じないオバチャンなのであった。

それがぼくの不幸なのであった。

厨房内部に動揺が走った様子もなかった。

なぜかというと、「かけうどんとかけ蕎麦」と声で伝えたので、その注文の主が一人だということが伝わらなかったのである。

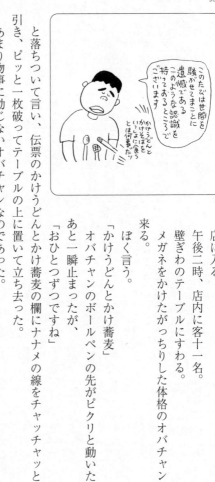

ぼくとしては、「かけうどんとかけ蕎麦。一人で」と伝えて欲しかったのだ。

ただ、ぼくが注文したとき、ぼくの右前方のテーブルにすわっていた空色のブラウスを着た、年のころ四十五、六のご婦人の肩がピクリと動き、ふり向く気配を見せたのち思いとどまったのをぼくは見逃さなかった。

かけうどんとかけ蕎麦来る。

両方共、同じ柄の丼に入っていて盛んに湯気を上げている。七味をポイポイ。

さて、どういうふうに食べたものか。

蕎麦のほうが伸びるのが早い、と思い、蕎麦のほうから食べ始めた。

一口、二口とすすっているうちに、蕎麦を片づけてからうどん、ということにこだわることはないのではないか、両方を交互に食べてもいいのではないか、と思いついた。

そこでうどんもズルズル。

そうやって食べているうちに、一つのリズムになっていくのがわかった。

なんかこう、うどんが主食で蕎麦がおかず、というリズムである。

そのリズムが出来るとなんだかとても快調だ。

かけうどんとかけ蕎麦をいっしょに食べているという気がしない。

あたり前の、正しい食事のように思えてくる。

そのとき、ふと前方を見ると、さっきの空色婦人が、化粧直しをするふりをして、コンパクトでじっとこちらを窺っているのだった。

ぼくとしては満足であった。

多少は世間を騒がしているのだな、と思った。

うどんと蕎麦を交互に食べているうちに、さらにいい方法を思いついた。うどんと蕎麦を混ぜて食べる、という方法である。

うどんの丼に蕎麦をドサドサとあける。

空色婦人のコンパクトがピクリと動いた。

きっと、目が点になっているにちがいない。


（『パンの耳の丸かじり』所収「復讐の蕎麦入りうどん」）

キャベツくらいで驚いてはいけない

「キャベツ蕎麦」というのをご存知ですか。
具がキャベツの蕎麦。
聞いたことないぞ、と言ってもダメです、実際にあるんですから。
そういう名前の蕎麦をメニューに載せる店があるんですから。
日本蕎麦の具といえば、その筆頭は、まずきつね蕎麦の油揚げ。
あと、カマボコ、わかめ、揚げ玉、かき揚げ、エビ天、卵……こう書き出してみると、
あれ？　意外に少ないんだな、と思った人は多いと思う。
意外に少ないんです、蕎麦の具は。
意外に門戸を閉ざしてるんです、日本の蕎麦界は具に対して。
立ち食い蕎麦屋になるともう少し門戸が広がって、コロッケ、イカ天、チクワ天など

が参入してくる。

　このように旧弊な蕎麦屋のメニューに敢然と挑戦したのは東京は西武池袋線椎名町駅前の立ち食い蕎麦屋「南天」。ぼくはたまたまテレビのグルメ番組で見ただけなのだが、キャベツを煮こんだようなものが具として蕎麦の上にのっかっている。

　それにしても、いいのか、蕎麦の具にキャベツって。英語だろ、いいのか蕎麦の上に英語がのっかって、と、しつこい人もいるはず。

　でもぼくは結構なことだと思う。

　蕎麦つゆで煮れば何だって合

うと思う。

たとえば「もやし蕎麦」。合うと思うな、中華ではすでに「もやしそば」があることだし。

地味で目立たない、表立たない、控えめである、というのが蕎麦の具の役割である。

そもそも具とは【連れそうこと】であり【貴人の相手をする者】である。

あくまで蕎麦が主で具が従。

課長と課長補佐の関係とも言える。そういう見方から考えると、きつね蕎麦の油揚げの立場はまさにこれ。

よくもまあ、こんなにもぴったりの蕎麦と油揚げという組み合わせを考えたものだと思う。風景として見てもまさに課長と課長補佐。目立たず、控えめであり、相手を引き立て、三角に切って二枚を少しずらして並べるという見事な構図。蕎麦の具の手本、総代としての地位は誰もが認めるところだと思う。

油揚げは置き定まりて静かなり
二枚の占めたる位置のたしかさ

と木下利玄は詠んだが、あれ？　違ったっけ？

牡丹花は咲き定まりて静かなり
花の占めたる位置のたしかさ

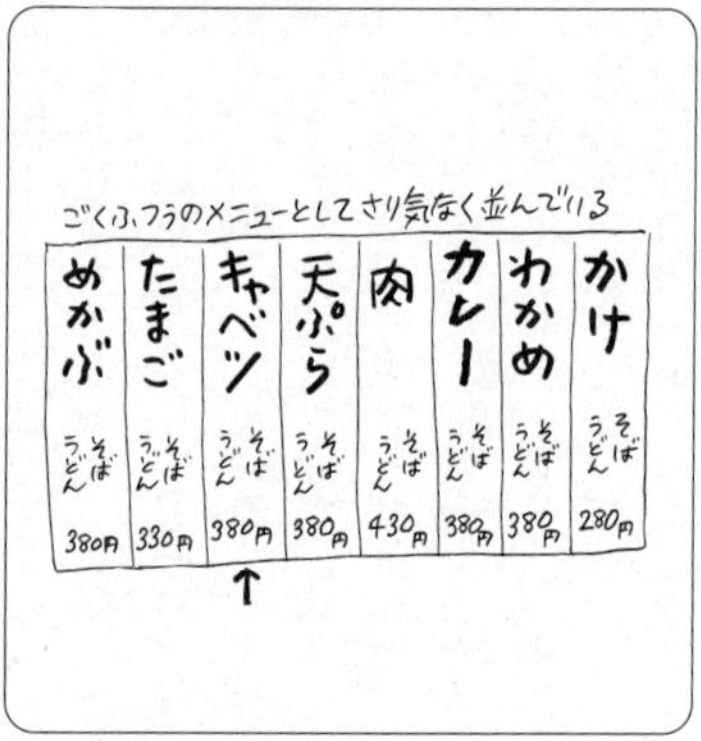

でしたっけ？

ま、いずれにしても【占めたる位置のたしかさ】に人々は感動する。

三枚だと大勢ということになり、大挙して押しかけた、という印象を与えかねず、かといって一枚だと、一人でやってきて大きな顔をしている、と取られる恐れもあり、そのあたりを斟酌《しんしゃく》して一枚を三角に切って半分にしたあたり、主に仕える木下藤吉郎的気遣いさえ感じられ、油揚げの気苦労のほどが察せられるところである。

一流になるにはやはり一流の心得がなくてはならず、いずれこのあたりのことを著した、「油揚げに学ぶ一流になるための戦略」というような本が出版されてたちまちベストセラーになるということも十分考えられる。

とにもかくにも具は主を立てる従という位置。

ここでさっき、キャベツ蕎麦にイチャモンをつけた人が出てくる。

「具は主を立てる従というが、じゃあ、天ぷら蕎麦の場合はどうなりますかのう」

意地の悪い人なので言葉づかいも意地が悪くなっているのだ。

そうか天ぷら蕎麦。

かき揚げ天ならまだしも、上等そうなエビ天が二本ものっかっている天ぷら蕎麦の場合。

この場合のエビ天は、地味で目立たない存在だろうか。

控えめに振る舞っているだろうか。

課長補佐に見えるだろうか。

この質問に対してぼくは別の角度からこう答えるしかない。

「でもエビ天の天ぷら蕎麦はおいしいよ」

多分これで質問した人は大きく肯《うなず》いて「そだねー」と言ってくれると思う。ここでまた急に思い出したことがあったので、それを書くことになるのだが、かつてフライドポテトを具にした蕎麦が世に出たことがあった。

通称ポテそば。

二〇一五年に阪急阪神レストランズ系の「阪急そば若菜」という店が考え出してメニューに載せてたちまち評判になった。そのときは、

「エーッ⁉　かけ蕎麦の具にフライドポテト？」

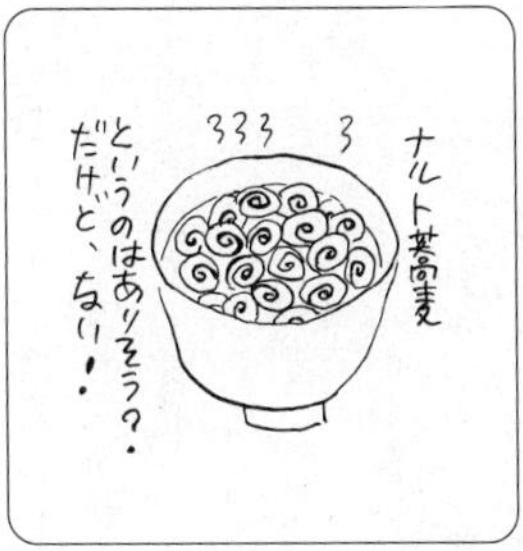

と驚いたが、実際に自分で作って食べてみると、これが美味、やみつき。フライドポテトに蕎麦つゆの味が軽くしみこみ、蕎麦つゆにフライドポテトの塩気と油が移り、日本古来の蕎麦の世界と、スナックがうまく融合して新しい味覚の世界をつくりあげている。

そうだったのだ。

キャベツぐらいで驚いている時代ではなかったのだ。

考えてみればコロッケだってそうだった。

最初のころは、エ？　蕎麦にコロッケ？　とみんな驚いたものだったが、いまは当然、必然でさえある。考えてみると、おでんの種はどれもこれも蕎麦にも合う。

ハンペンもがんもも大根も蕎麦に合う。

王者油揚げもうかうかしていられない時代になったのだ。

（『パンダの丸かじり』所収「「キャベツ蕎麦」に驚く人々」）

持ち上がらない！　ぶっというどん

スーパーの麺類のコーナーを何となく見回していた。

そこには、生麺、ゆで麺など、様々な麺が並んでいる。

うどんのところで異常に太いうどんを発見した。

それはゆで麺で、これまで見たことのない太さのうどんが、袋の中にからみ合いもつれ合って入っている。

どのぐらい太いかというと、太い、というより、ぶっとい、という感じで、一本が普通のうどんの四本分はある。

その太さは明らかに度が過ぎている。

もともと度が過ぎているものを見るとコーフンするたちなのでたちどころにコーフンした。

乾麺はご存知のように、一束になったうどんは整然と並んでいる。

その整然を見ていた目が、急にゆで麺のもつれ合い、からみ合いを見たものだから少しギョッとなった。

いいのか、同じうどんがこんなに乱れてしまって。

もともと物事の不整合にコーフンするたちなので、コーフンはいや増すのであった。

コーフンして買って帰った。

袋の中をしみじみ見る。袋の中に不穏な空気を感じる。太さのせいだろうか。

普通の太さのうどんは、袋の

中でひとかたまりになって気弱にうずくまっているように見えるが、彼らはちがう。猛々《たけだけ》しく、ふてぶてしく、荒々しく、袋の中からこちらを威嚇しているようにさえ見える。

荒くれものの集団がそこにあった。

この太いうどんは「高山饂飩《うどん》」という銘柄で、群馬県前橋市の「高山麺業株式会社」の製品である。

「老舗の味、煮込みうどん、煮くずれしないコシのある極太うどん」と袋に書いてある。とにもかくにも食べてみなければ。荒ぶるうどんたちを熱湯にバラバラと放り込む。何しろ過激な連中である。このあと不測の事態ということも考えられる。

「三分間煮込む」とあるので三分間煮込む。

ザルから引き上げて丼に移すときも彼らは反抗的な態度を示す。やたらに突っぱるのである。

普通のうどんはしんなりと丼に移されるが彼らは棒状に突っぱる。

つゆにひたして、ではいただきます。オッ、つかめないぞ、うどんが棒状に突っぱっているのでなかなかつかめないぞ。

ようやく三本だけ束ねて持ち上げようとすると、オッ、重いぞ、重くて持ち上がらないぞ。

うどんが重くて持ち上がらないなんてこと、これまであっただろうか。
本当に重いのである。
うどんが重いのである。
重いので箸に力が入る。
つまり握力が必要になる。
かなりの握力がないと箸がばらけて落ち、うどんも落ちる。
相当な覚悟と気構えでのぞまないとうどんを食べることができないのである。
これまで相当な覚悟と気構えでうどんにのぞんだことがあっただろうか。
立ち食いそば屋でうどんを食べたときの、あの気楽さを思い出してみよう。
このうどん三本をいっぺんに持ち上げるには箸は無力である。
複数では無理ということが判明したので一本でいくことにする。
うどん一本勝負。
一本の先っぽのところを箸でつかんで持ち上げると重さでスルリと落ちる。
そこでまん中のあたりを箸でつかんで、箸の両側にダラリと下げた状態にさせようとすると、何しろ突っぱっているのでダラリとはならない。
なかなか言うことを聞かないうどんなのである。
苦闘ののち、ようやく一本のうどんの端に食いつく。
うどんは本来、ズルズルすすり込むものであるが、このうどんでズルズルは無理。
箸で少しずつ送り込む、という食べ方になる。
ある程度送り込んだら前歯でプツリと噛み切る、という食べ方になる。
いつまでも送り込んでいると、ノドにつかえて咳き込むことになる。
とにもかくにもこのうどんは一本食いになる。
ところがこの一本食いがなかなか楽しい。

　こういううどんの食べ方もあったのか、と楽しめる。
　太いうどんを押し込んでは噛み、また押し込んでは噛みしめて食べる。
　腰ですか。
　腰のことならまかしてください、と「高山饂飩」の人は言うにちがいない。
　うどんの腰というものは、うどんの芯のあたりの噛み心地にあるようだ。

普通のうどんの芯は小さい。

芯の大きさはうどんの太さに比例する。

この「高山饂飩」は太い。

ということは芯も太い。

ということは腰も豊富ということになる。

言い方によっては全身腰だらけということもできる。

だからこのうどんを嚙んでいると、ときとしてうっとりとなる。

このうっとりは、硬く練った小麦粉という穀類を、口の中の水分と歯でもって少しずつ溶きほぐしていって、小麦粉が少しずつ潤《うるお》っていく過程を楽しみ、ゆっくり味わい、ゆっくり嚙みしめていってやがて口の中は元の穀類の味に戻る、戻ったときの何とも言えない懐かしさのようなうっとり……かな？


（『焼き鳥の丸かじり』所収「ぶっというどん」）

上司との昼めしに、焦る鴨南

「待つ身が辛いか、待たせる身が辛いか」

太宰治の名作「走れメロス」は、実体験に基づいて書かれたといわれている。

親友檀一雄と温泉に遊びに行って幾日も逗留し、お金が足りなくなる。

太宰は檀を人質に残して東京へ金策に行くがお金はなかなか手に入らず数日が経ってしまう。

旅館でジリジリ待つ檀。

金策まとまらず、自分もジリジリしながら待たせる身の太宰。

これに類した状況は、われわれの日常生活でもしばしば起こる。

蕎麦屋に昼めしを食べに行っても起こる。

上司と蕎麦屋に昼めしを食べに行く。

上司が天ぷら蕎麦、自分が鴨南蛮。

昼めし時だから店は大混雑。

上司とテーブルに向かいあって黙然と待つ。

ようやく鴨南蛮来る。

上司の天ぷら蕎麦未《いま》だ。

鴨南蛮から湯気《ゆげ》。

「先にドーゾ」

と上司。

「いや、そちらが来てからごいっしょに」

と、わたし。

両者、再び向かいあって黙然。

鴨南蛮から湯気。

「いいから先に食べなさい」

と再び上司。

少しモジモジしてから、鴨南蛮を食べ始める。
食べながら、上目づかいに上司の様子を窺《うかが》う。
あ、上司腕組みしてる。
大股広げて反り返って天井を見ている。
こんどは首をひねって厨房のほうを睨みつけた。
靴、カタカタ鳴ってる。
何だかもう生きた心地がしない。
自分のせいではないのに、自分が上司を待たせているような気になってくる。
せっかくの鴨南蛮なのに味がしない。
これと全く逆の立場になることもある。
上司の天ぷら蕎麦が先に来て自分の鴨南蛮がなかなか来ない場合だ。
上司は軽く「お先に」とか言ってさっさと天ぷら蕎麦を食べ始める。
この上司は食べ方が早い。
どんどん食べて、早くも残り半分近くなっている。
わが鴨南蛮未だ。
わたし、靴カタカタ。
ようやく鴨南蛮来る。

上司の天ぷら蕎麦、終盤。

どうしたって焦《あせ》る。

あ、上司、最後のツユをすすりあげてる。

あ、その丼をテーブルに置いた。

鴨南蛮は脂がびっしり浮いていて、その脂が猛烈に熱い。

その脂の層を唇で突破してツユをすする。

あ、上司、ヨージ入れからヨージを取り出した。

いまや丼のフチに口をつけたっきり、麺をすすり、ツユをすすり、鴨を噛み、また麺をすすり、ツユをすすり、丼を口から離していったんテーブルに置く、などということは考えられない。

鴨を噛み噛み、上目づかいに上司を窺う。

あ、上司、シーハしながらこっちを見ている。

もはや死にものぐるいである。

額《ひたい》から汗。全身も汗びっしょり。

いまや蕎麦丸のみ、鴨でさえ丸のみ。

あ、上司、腕時計をチラと見た。

明らかに相手を待たせている。

相手は明らかに待っている。

待つ身が辛いか、待たせる身が辛いか。

そんなこと言われるまでもなく、この場合は待たせる身が辛い。

待ってるほうは、ヨージでシーハしているくらいだから、そんなに辛い立場にあるとは思えない。

従って、この体験を一編の小説に仕立てあげることは到底ムリだ。

ただ、平々凡々たる日常にあっても、いつ、何どき、突然自分が人を待たせる立場になったり、自分が待つ身になったりすることはありうるのだ、という教訓は得ることはできたのではないか。

そして「禍福はあざなえる縄のごとし」という教訓も、ついでに学ぶことができたのではないか。
今回のこの話にしたって、この程度の上司であったからこそ、この程度の話ですんだのである。
もし、この上司が愚鈍な男であったら全く別のストーリーが展開されたはずなのだ。
話を戻してみよう。

二人は昼めしを食べに蕎麦屋に行った。

そしてそれぞれ天ぷら蕎麦と鴨南蛮をたのんだ。

そうしたら部下のほうの鴨南蛮が先に来た。

上司は部下に「先にドーゾ」と言った。

部下が躊躇していると、再び「いいから先に食べなさい」と言ったのでようやく部下は箸をつけることができた。

これが、もしですよ、上司が二度目の「いいから先に食べなさい」を言わなかったとしたら。ストーリーは全く別の展開になる。

部下は二度目の促《うなが》しがあって初めて箸をつけることができる。

いつまで待っても上司は二度目の促しを言わない。

部下はジッとそれを待つ。

上司のそれを促すために、箸を割ってみたり、七味をふりかけたりしてみるのだがムダであった。

こうしたことが毎日のように続く。部下は次第にそのことを怨《うら》みに思うようになる。

ある日東京湾に死体が浮く。

そういう作品が生まれたかもしれないではないか。


（『シウマイの丸かじり』所収「上司との昼めしに、焦る鴨南」）

いつ手を懸ける？　月見うどんの名月

春は曙《あけぼの》。

夏は夜。

秋は夕暮れということになっているが、秋はやっぱり月でしょう。

名月鑑賞、月見の宴、月見団子、とくれば、その次にくるのは月見うどん。

月見団子のほうは実際に執り行っている家は皆無といってよいのではないか。

いまや絵や写真だけでしか見ることはないが、それによると、まず三方《さんぽう》の上に白い団子が積み重ねてあって、その脇にススキ、そしてその上空に満月。

月見団子は、あれはあのまま食べるものなのか、アンコのようなものをつけて食べるのか、いまとなっては何も覚えていない。

いまや物語の中の食べ物となってしまったが、月見うどんのほうはいまもって大活躍中。

特に立ち食い蕎麦屋では主役級の盛況ぶり。

しかも秋にかぎらず一年中食べてよいことになっている。

月見という名前でありながら、上空に月、という設定がなくてもよいことになっている。

ここまで、ぼくはずっと〝月見うどん〟という言い方をしてきた。

月見には、月見うどんと月見蕎麦の両方がある。

なのに、なぜ、うどんのほうを選んで書いてきたか。

これには理由がある。

ある組織が月見うどんのほうを無視したからなのである。

無視した組織は岩波書店で、広辞苑には月見蕎麦は出ているが月見うどんは出ていない。

本屋が食べ物のヒエラルキーについて口を出しているのだ。

本屋が食べ物のことに口を出すのはいかがなものか、という声もあろうが、タイヤの会社が食べ物に口を出している例もあるのでこれはこれでいいのである。

だが、これでは月見うどんが不憫《ふびん》ではないか。

夏の甲子園大会では、つい負けているほうを応援しがちだが、あれと同じ心境でぼくはうどんのほうを応援したい。

そこでぼくは最初から、月見うどん、月見うどん、と書いてきたのである。

ここから先も月見うどんでいく。

月見うどんは、卵を月に見立てたものである。

黄身が月で白身が雲。

間然するところがない。

ここでちょっと脱線するが、うどんに卵をかけたものが〝月見うどん〟なら、ごはんに卵をかけたものも〝月見ごはん〟と言ったらどうか。

みんなが言わないなら、ぼく一人だけでも、これからは〝月見ごはん〟て言う。

ちゃんとした蕎麦屋の月見うどんは、卵だけではなく、いろんなものがいっしょにの

っかっている。

カマボコ、ホウレン草、ワカメ、海苔などを添えている店が多い。

　こうなってくると、カマボコやホウレン草、ワカメなども何かに見立てなければならず、話がややこしくなるからやめてもらいたい。

ただ、海苔だけはちゃんと説明がつく。

神田「やぶそば」の月見うどんは、卵の下に海苔が敷いてある。

　卵の下の海苔を夜空に見立てているのだ。


　ひとたび月見うどんということになると、いつも話題になるのが、

「いつ卵に手を懸《か》けるか」

というテーマである。ネットでも大騒ぎになっている。

　意外に多いのが、

「最初にツルッと飲んじゃう」

というやつ。

　これはいけません。これだけはやってはいけません。

なぜかというと、卵をツルッと飲んだ瞬間、そのあとの丼の中はただのかけうどんになってしまう。

このあとずっとかけうどんを食べ続けることになり、何のために月見うどんを注文したのかわからなくなる。

名月を失ったあとの丼の中は荒涼としている。

そこにあるのは、うどんとうどんがもつれあい、からまりあいながら波間に漂って右往左往している悲しい光景であり、そこには秩序がなく、平和がなく、混乱があるばかり。

その騒然の海に、いま、再びポトリと落とす生卵一個。

見よ、まさに名月。

万うどん中黄一点。

であるからして、名月としての卵は最後まで残す、これが月見うどんの基本方針でなければならない。

「飲みこまないでいきなり突きくずす」

というのも多い。

この愚か者めが。

それは月見うどんではなく「卵とじうどん」ではないか。

だったら最初から卵とじうどんを頼め。

この呆気者《うつけ》めが。

ぼくの場合はこうです。

名月としての卵は最後まで残す。

そうしておいて、ときどき卵の上にうどんをかぶせて見えなくする。

そうして、ときどき上にかぶせたうどんを取り払う。

月って、ホラ、雲間に隠れたり、また現れたりするでしょう、あれを演出するのです。

そして、ときどき食べるのを中断してテーブルのまわりをひと回りする。

そのとき手はうしろ手に組む。

名月や池をめぐりて夜もすがら

そうやって現れたり消えたりする卵を愛《め》でながら、うどんを食べ、つゆを飲んでいくと、最後に残るのは卵一個。

残《のこ》んの月。

月冴ゆ。

それを突きくずして朧月《おぼろづき》。


（『サンマの丸かじり』所収「月見うどんの雪月花」）

蕎麦のズルズル

ここに一本の蕎麦があります。
茹《ゆ》でてあります。
皿の上に置いてあることにしましょうか。
その皿の横にもう一枚の皿があって、こちらには一口分のゴハンが置いてあります。
ゴハンのほうはお箸で取りあげて、口の中にポイと放りこめばことは済む。
蕎麦のほうはどうか。
ズルズルということになる。
蕎麦を箸ではさんで、端のほうからズルズルとすすりこんでいくという食べ方になる。
どっちが食べやすいか。
ポイとズルズル。

文字の数でも一目瞭然、ポイのほうがずっと手っ取り早い。

しかもズルズルのほうは、一口分を口に入れたあと、口から余って垂れ下がった部分を歯で嚙み切る、という面倒な行為も加わることがある。

ポイとの差はあまりにも大きい。

何が言いたいのかというと、いわゆる長もの、麵類ですね、人類はなぜ、わざわざ食べ物としての材料を、わざわざ長っ細くして食べようとするのか、ということなんです。

麵類は全地球的に普及している。

未開の国の人たちも、粉のたぐいをわざわざ細長くして食べる場合があるという。

大変な手間ひまだと思うんですね、細く長くするのは。

老舗《しにせ》といわれる蕎麦屋の場合を思い起こしてください。

ああして、こうして、こうして、ああして、ああしたものを今度はこうしておいて、ああする。

老舗の蕎麦屋には蕎麦掻《が》きというものもメニューにある。

これは蕎麦粉を熱湯で練《ね》っただけのもので、箸ですくって食べる。

箸で小さくまとめてお口にポイ。

蕎麦もお口にポイで食べられるんです。

なのに、わざわざ、まさにわざわざ、ああして、こうして、ああして、ようやく出来あがったものを、ズルズルすすって食べる。

ズルズルだからポイよりも食べづらい。

つまり細長くするということは食べにくくするということなんです。

わざわざ大変な手間ひまをかけて、わざわざ食べにくくして食べる。しかもこの、わざわざ食べにくくして食べたいという欲求は全地球的にある。

どういうことなんでしょうか。

もう一度老舗の蕎麦屋の蕎麦を作る過程を思い起こしてみましょう。

最初は粉です。

もちろん、このままでも、食べようと思えば食べられる。

スプーンですくってお口にポイ。

たぶん、むせるでしょうね、むせて粉を吹き飛ばしてあたり一面粉だらけになった上に、旨くも何ともないでしょうね。

そこで水で練る。

練ってカタマリになったものを、今度は伸《の》し棒というもので伸ばす。

伸ばして薄い板状にする。もう、この段階で充分食べられる。

フライパンで焼けばクレープ、混ぜものをして焼けば韓国のチヂミ。だが蕎麦の場合はまだまだ先がある。

薄く伸ばしたものを折りたたんで、今度は包丁で一本一本切る。

一ミリなら一ミリ、太さが変わらないように、それこそ息を詰めるようにして切っていって、その一ミリが蕎麦の一本、一本一本切っていって十本、二十本、五十本、百本、客の一本は店の人が切った一本。

これ、ぜーんぶ、わざわざ。

蕎麦掻きの段階で充分食べられるのに、この、わざわざ。

食べづらくするための、この苦労。

一体どういうことなのでしょうか。

そこに何か理由がないわけがない。

その何かとは何か。

一生懸命考えた結果、こういうことなのかなあ、というようなことに思い至りました。

ホラ、唇は快感器官でもある、ということをよく言うじゃないですか。

恋愛映画を観ていると、恋人の唇を指でさするというか、なでるというか、そういうことをしているシーンがありますね。

　さすられたほうはウットリとなっている。

　そこで自分でもやってみると、ちゃんとウットリとなる。

　ひるがえって蕎麦をズルズルすすっているときのことを考えると、蕎麦は明らかに唇をこすりながら、さすりながら口の中に入っていく。ズルズル、ズルズル、更にズルズル、気持ちがいいじゃないですか。

　そうだったのです。

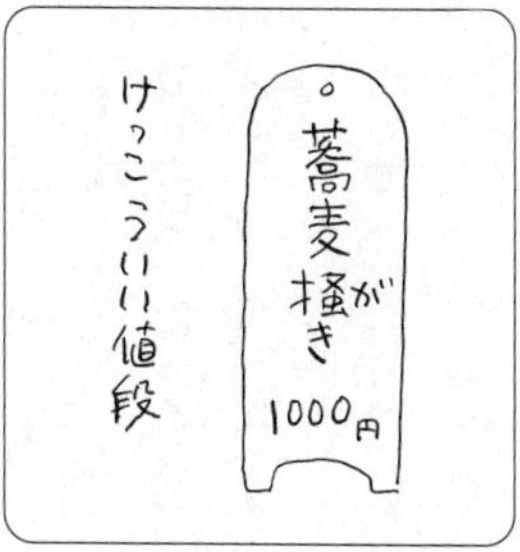

これだったのです。

世界中の人々が、これを求めていたのです。

映画の場合は、これを恋人がやってくれることになるのだが、恋人だって、そう年中、相手の唇をさすってばかりもいられないわけだから、人々はこれをうどんや蕎麦に求めた。

求めてみたらちゃんと恋人と同じ役割をすることがわかった。

ラーメンなどは麺にわざわざネジリを加えてあるが、あれはズルズルのときの摩擦を強化するためであることは、業界内では誰もが知っていることだといわれている、ような気がする。

人類のナゾ、麺類のナゾは、かく解明された。

一件落着、やれやれ、と思い、記念に天ぷら蕎麦でも食べてくるか、と立ち上がったとたん、そうだ、スパゲティの場合はどうなる、ズルズルは日本だけではないか……。

勉強して出直してまいります。

（『レバ刺しの丸かじり』所収「蕎麦のズルズル」）

カツカレーうどんのカツカツ

ビビビッときたのは松田聖子さんでしたっけ。

その人に会ったとたん、ビビビッときたとか。

ぼくの場合は人ではなく、グルメ雑誌に載っていたカツカレーうどんの写真のカツの厚さにビビビッときた。

人はビビビッときたあとどういう行動に出るか。

会いたい、そう思うものです。

カツカレーうどんに会いたい。

会って食べたい。

そのカツカレーうどんのカツがドーンと大きくて厚かったんですね。

そこのところにビビビッときた。

カツは五切れに切ってあって このうちの一切れの切り口がこっちに向けられていて、その切り口が実に生々しい。その写真は実物大だと思われたので、すぐに物差しで測ってみると肉の厚さだけでちょうど2センチ。

厚さもさることながら、注目すべきはその切り口が示している肉質。

脂っ気のないひきしまった肉質で、こういう肉はえてしてあっさりしすぎてあんまり味がないのが多いのだが、この肉ばかりはその歯ざわり、舌ざわり、肉からにじみ出てくる肉汁の味さえも、その切り口から感じさせるものがあった。

そこのところにもビビビッときた。

カツカレーはふつうライスだが、うどん、というところにも興味がわいた。

なぜライスでなくてうどんなのか。

カレーうどんの上にカツがのるとカツはどうなるのか。

沈んで潤《ほと》びるのか潤びないのか。

カツカレーは、カツの上にもカレーソースが半分ほどかけてあるものなのだが、写真で見るかぎり、このカツカレーうどんのカツには一滴たりともソースがかかっていない。

そこのところにもビビビッときた。

カツに礼節がつくしてある。

うどんの謙虚が感じられる。

「ごはんより身分の低いうどんという立場でありながら、身分もわきまえずカツ様の御来臨を仰いだからには一滴の失礼もあってはならぬ」、そういう畏《かしこ》まった態度にも好感が持てた。

本来ならば、話はここからそのカツカレーうどんの店に行き、カツカレーうどんを食べ、その感想を述べ……という段取りになっていくのだが、今回ばかりはそうスムーズにはいかないのだった。

事件というほどではないが、興味深い出来事がその店で起き、そのことにいたく心を奪われ、そのことをどうしても書きたいという思いが強く、カツカレーうどん記の中の挿話として書くことになり、そのためカツカレーうどん記のほうがいくぶん短くなってしまったことをここでお詫びしておきたい。

さて、そのカツカレーうどんの店は有名な店であった。

銀座の三越デパートの近くの「U」といううどん専門店。

この店は作り置きをしない店として有名で、メニューには「肉じゃがうどん」「茄子明太子うどん」などの珍しいメニューがいっぱいあって、そのメニューのことなども書きたいのだが、挿話のために割愛しなければならないのが残念でならない。

出てきたカツカレーうどん（一二八〇円）は写真で見た以上の出来ばえであった。

ただぼくが写真で判断した「厚さ2センチ」のところだけが違っていた。この店のメニューには「当店自慢の厚さ！2・5センチ」と特記してある。望外の喜びとはまさにこのことで、たった5ミリの差で人間はこんなにも喜ぶのかと思うほど喜んだ。

うどんのほうのツユはトロミを感じるほどツユ気が少なく、したがってその上にのったカツの底面は潤びず、カツ尊厳の精神は貫かれているのであった。

カツ自体は写真で見て判断したとおりの肉質で、味も予想以上だった。

つくづく満足の食事であった。

店内で起きた出来事とはこうである。ぼくがカウンター席でうどんの到着を待っていたとき、右隣の人も待っているところだった。チラリと見た感じではこの店の近くのサラリーマンで、ちょっと小太りで髪の毛は薄めだなという印象を受けた。

ぼくとほとんど同時にその人は食べ始めたのだが、しばらくするとカツカツという音が絶えまなく聞こえてくる。

上の歯と下の歯がぶつかる音である。珍しい、と思った。豆腐ならこういうことはありがちだが、うどんにカツカツはないだろう。二人ほとんど同時に食べ終わった。

その人は目の前の紙ナプキンを一枚取って口を拭き、もう一枚取っておでこのあたりを二回、三回とペテペテたたき、そのままずうっと後ろのほうへペテペテとたたいていくのだった。はっきりとペテペテという音が聞こえてくる。

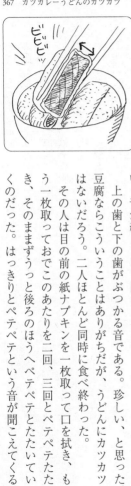

ぼくが思った以上に薄かったようだ。

頭の脂も多かったようだ。

どんどん後ろのほうまでたたいていって、後ろへいくほど速度が速くなっていくのだった。ぼくが驚いたのはその回数である。いくらなんでももう終わりだろうと思っているのにまだたたいている。

まあ、ふつうだったら全部で十回がいいとこだろうが、数えていたわけではないが三十回以上はたたいた。カツカツとペテペテ、ぼくの隣の人はカツペテの人だった。

カツカレーうどんは予想以上においしく、想定外のカツペテの人にも遭遇して、実り多い食事だったといえる。

（『ゆで卵の丸かじり』所収「カツカレーうどんのカツカツ」）

力うどんのチカラ

力うどん……。
まずこの文字のつらなりをじっと見つめてください。
それから、チカラウドン、と声に出して言ってみてください。
どうです、なんだか体の中に力が湧いてきたような気がしませんか。
では、もう一度いってみましょう。
チ、カ、ラ、ウ、ド、ン。
チカラ……と声に出していくうちに、どんどん声に力がこもってきて、最後のドンのところでは、ドンッ、と声がひときわ大きくなったのではありませんか。

鼻息も、発音前よりかなり荒くなっていて、血圧なんかもたぶん高くなっているはずです。

日本人にとって
力はいかに
大切か
・力持ち
・力ずく
・力の限り
・力落とし
・力一杯
・力技
・力競べ
・力仕事
・力自慢
・力添え
・力付ける
・力になる
・力任せ
・力業
たくさんある

料理の名前だけで、これだけ興奮する食べ物はめったにありません。

かつ丼なんかも名前だけでいくらか興奮するものの、力が湧いてくる、というところまではいかない。

力うどんは名前だけで興奮するのだから、実物を目の前にしたら一体どういうことになるのか。

鼻息と血圧はどうなるのか。と誰もが思うのだが、残念ながら実物そのものにはそれほどの実力は感じられない。

白いうどんの上に白い餅。はなはだ淡泊な食べ物という印象で、鼻息が荒くなったり血圧がどうこうするような食べ物にはどう見ても見えない。

われわれはふだん、力うどんはめったに食べない。

昼めしに何を食べようか、というようなとき、力うどんが浮上してくることはまずない。

のだが、正月を過ごして〝餅慣れ〟したせいか、ふと力うどんを食べる気になって蕎麦屋に行った。

注文を取りにきた白ズキンのおばちゃんに普通の声で「力うどん」と言ったのだが、そのとき店の中にいた客（四名）の箸が一瞬止まったような気がした。

やはり力うどんは特異な注文なのだろうか。

そこで〝四名のハッ〟の原因を考えてみた。

きつね、たぬき、天ぷらうどんの注文に対しては誰も何の思いも抱かない。

力うどんを注文したぼくに対して、四名の客は、

「何かある人だな」

という印象を持ったのだ。

その何かとは何かというと、

「ここで力をつけなければならない事情のある人」

あるいは、

「ここ一番、自分を奮起させなければならない事情のある人」

ということになる。

少し緊張し、身を硬くして待っていると、やがて力うどんが到着した。

少し焦げ目のついた餅が二枚うどんの上にのっていて、ナルト、ほうれん草、天カス、という構成。

そういえば注文してからずいぶん時間がかかるな、と思っていたのだが、餅を焼く時間が必要だったのだ。

かねがね立ち食いそば屋には力うどんが無いのが不思議だったのだが、そうか、焼く時間がとれないのか。

改めて力うどんを見る。

主食の上に主食。主食と主食の同居。

きつねうどんの場合は油揚げがうどんのおかずだが、この食事にはおかずが無い。

この食事ははたしてうまくいくのだろうか。

きつねうどんの場合と力うどんの場合を比較して考えてみよう。

きつねうどんの場合は、まずうどんを一口、二口すすってから甘辛い味の油揚げを少しかじるという段取りになる。

主役はうどんだから、うどんのほうには真剣に取り組む。

かかりきりになって味わう。

茹で加減はどうか、コシはどうか、噛み心地はどうか……。

油揚げのほうにはそれほど真剣に取り組まない。

わりにいい加減な気持で味わう。

心は常にうどんのほうにあり、油揚げにかかりきりになって味わうということはない。

力うどんの場合はどうか。

まず、うどんを一口か二口すすって餅に取りかかる。

なにしろ餅であるから、いい加減な気持で取り組むわけにはいかない。

当然真剣に取り組む。

当然かかりきりになる。

おかずが無いではないか、ということになるのだが大丈夫、ツユです、ツユがおかず、おかずはツユだけで充分。

モッチリ対コシという、食感がまるで違うのでそれぞれに新しい気持で取り組めるところもまた、食べていて飽きない理由となる。

うどんと餅とどっちがエライのか。

うーん、やっぱり世間の評価は餅のほうに傾くでしょうね。

「力うどん」は本来の名前は「餅うどん」である。

だが「餅うどん」では餅の優位があからさますぎる。

そこで餅を力と言い替えて餅の存在感を弱めたのだと考えられる。

つまるところ餅のほうがエライ。

という結論になるのだが、よく考えてみると、力うどんの丼自体はうどんのものである。

つまり大家さんはうどんなのだ。

餅はエライかもしれないが、ここでは餅は所詮うどんの家に間借りする間借り人の立場、うどんの臀《しり》にしかれる立場、ということになって、最終的な結論はうどんのほうがエライということになる。

これを〝どんでん返し〟という。


（『おにぎりの丸かじり』所収「力うどんのチカラ」）

きつねそばと稲荷ずし

立ち食いそば屋できつねそばと稲荷ずしをいっしょに食べていて、ある重大な事実に気がついて愕然となった。

いままでなぜこんな重大なことに気がつかなかったのか。

自分ばかりではない。

世の中の大半の人が、おそらくこの重大な事実に気づいていないはずだ。

わたくしが愕然となった重大な事実とは何か。

順を追って話そう。

ある日の午後、わたくしは腹をへらして駅前の立ち食いそば屋へ入って行った。

券売機の前にしばしたたずんだあと、わたくしはきつねそばという発想を得た。

しかし、きつねそばだけでは物足りないな、と思った。

立ち食いそば屋で
稲荷ずしだけ食べてる
人を見た！
ふつうの
サラリーマン
だった

券売機の品名をしばらく眺めまわしたあと、稲荷ずしという発想を得た。

稲荷ずし二個入りの皿をカウンターの上に置き、きつねそばの丼を左手に持って食べ始めた。

そのときのわたくしの姿勢は必要以上に背中が丸くなっていた。

なぜ丸くなっていたか。

ご存知のように、〝そばと稲荷のヒト〟というのは、腹は相当減っているがカネは相当持ってない、という世間の評価があるからである。

わたくしは必要以上に背中を丸め、そばをすすり、ツユを少し飲み、それからカウンターの稲荷ずしを箸でつまみあげて半分かじりとり、アグアグと食べ、そののちきつねそばの丼に箸を戻し、油揚げを取りあげて食べた。

そのときわたくしの頭にひらめいたものがあった。

両方、油揚げではないか！

きつねが油揚げなら、稲荷もまた油揚げなのだ。

きつねときつねではないか！

きつねだらけではないか！

これは重大なことではないか！

そして、ここが更に重大なところなのだが、わたくしが券売機できつねそばを選び、稲荷ずしを選んだ時、

「自分のこれからの食事はきつねだらけになるんだな」

という自覚がまるでなかったことである。

油揚げを食べたあとまた油揚げを食べ、また油揚げを食べてまた油揚げを食べる、そういう食事をこれからするわけだけどそれでいいんだな、という認識がまるでなかったのだ。

そしてここがまた更に重大なことなのだが、立ち食いそば屋できつねそばと稲荷ずしをセットで食べている人のうち、この食事が両方とも油揚げであるという認識をもつ人

がどのぐらいいるかということである。

恐らく、大部分の人はそのことに気づかずに食べ終え、店を出て行き、次のときも気づかず、その次のときも気づかず、これから先ずーっと気づかずに死んでいくことになるにちがいない。

気がつかないで死んでいった人はどうなるのか、すごく損をするのか、気がついた人は得するのか、気がついたあとの人生は、気がつかなかったときとどう変わるのか、といういろんな問題が出てくるわけだが、果たしてどういうことになるのだろうか。

わたくしは気づいてしまったわけだが、気づいたあとの人生はいまのところあまり変わっていない。

そんなことよりもっと重大なことは、なぜ気がつかないのか、ということである。

たとえば立ち食いそば屋のメニューには、カレーライスがある。カレーうどんがある。

カレーうどんだけじゃちょっと物足りないな、ほかにもうちょっと何か食べたいな、そうだ、カレーライスがある、カレーライスにしよう、と思った人がいるとする。

この人は必ず気づくはずだ。

両方ともカレーじゃないか、と。

もちろん、両方ともカレーでいい、という人もいるはずだし、気づいた時点で別のものにしようという人もいるにちがいない。

ご存知のように、立ち食いそば屋の店頭には、全商品の写真が並んでいることが多い。

きつねそばの上には大きな油揚げがのっかっているのが見える。

稲荷ずしはどう見ても油揚げそのものだ。

こうした現物を目の前にしているのに、なぜ両方とも油揚げだという認識を持てないのか。

目の前でちゃんと見ているはずでしょうが。

こうして事前に現物を見ていながら、その時点で気づかず、食べ始めて気づかず、食べ終わって気づかず、ずーっと気づかないで死んでいく人がいることを思うと、わたくしはいても立ってもいられない気持ちになる。

なんとかしてこのことを全国民に知らせたい。

とりあえずわたくしは身近な友人にこのことを教えた。

そのことを知った上で、友人は立ち食いそば屋に出かけて行き、きつねそばと稲荷ずしのセットに挑んだ。

以下、その友人の報告。

「知らないで食べてたときのほうがずっとよかった。きつねそばは麵だし、稲荷ずしはゴハンだし、まったく別のものを代わる代わる食べているという楽しさがあった。それなのに、同じものだと思うと〝代わる代わる〟という気がしない。特に稲荷ずしを食べてすぐあとにきつねそばの油揚げを食べるときに鼻につく。

どうしてくれるんだ」

（『昼メシの丸かじり』所収「きつねそばと稲荷ずし」）

しなる！　アルミ鍋の発展形

夜中にケシゴムがなくなって、近所のコンビニに買いに行った。

コンビニには、「いかコン」と「たのコン」の二種類があるが、このコンビニは「たのコン」のほうのコンビニである。

「いかコン」というのは、夜中に行ってみると、デンキが消えてもう閉まっていたりする「いいかげんなコンビニ」であり、「たのコン」は、夜中の二時に行こうが、四時に行こうが、デンキをコウコウとつけて営業している「たのもしいコンビニ」のことである。

で、その「たのコン」で、ケシゴム一個を購入し、レジに向かったのだが、その途中、ふと、「カレーうどん」という鍋物が目に入った。

ピカピカでシワシワのアルミの鍋に入ったカレーうどんで、そのまま火にかけられる

という、例のあれである。

アルミの鍋に〝外装〟がしてあって、そこのところに、まっ黄色いカレーうどんの写真が印刷してある。

この写真が実にリアルで、まっ黄色でトロミのついたツユの中に、コシのありそうな白くてツヤのあるうどんがからまりあっている。

そしてそこに、ケシゴム半分大ぐらいの大きな鶏肉が、やはり黄色く染まって浮きつ、沈みつしている。

そして、そこのところに、これだけは黄色く染まらない青くて太目のネギが合計六切れ。匂いこそしてこないが、臨場感あふれるカラー写真であった。

その写真の横には、「かたづけいらずのクッキングパック」――だしがきいてスパイシーな昔なつかしい『おそば屋さん』のカレーうどん。ルーから作る本格的な味わいです――とある。

カレーというものは、いつ、どこで、どんな状態で出会っても、〝さり気なくしのび寄ってきて、いつのまにか強大な地歩をきずく〟食べ物である。地歩をきずいたとたん、待ったなしですぐ食べなければいられなくなる食べ物である。

このときも、カレーの、この戦略にやられた。

また、「アルミ鍋もの」というものも、このまますぐ火にかけられて、すぐ煮たち、すぐ食べられるという〝すぐ性〟にすぐれている。

すぐ性にすぐれたカレーが、すぐ性にすぐれたアルミ鍋に入っているのだから、客はどうしても、すぐ手が出て、すぐレジに向かうことになる。

すぐ持って帰って、すぐガスコンロにのせて、すぐ火をつけることになる。鍋はすぐ煮たって、すぐいい匂いを立て始める。すべり出しはまことに好調であった。

アルミ鍋もの群

夜中に、つまらない思いでケシゴムを一個買いに出かけたのに、帰途は思わぬカレーうどんという収穫を得て、いまこうして、予想もしなかった深夜の小宴が開かれようとしているのだ。

薄くてシワシワではあるが、一応、鍋物という分野の宴がくりひろげられようとしているのだ。このアルミ鍋ものには、キャンプ的というか、ママゴト的というか、そういう楽しい雰囲気がある。

火にかけると、ピチピチ、ビチビチ、チリチリ、シュンシュン、いろんな音をたてる。

いかにも火に溶けて、いまにも破れそうな不安感がいい。

強火にするのがためらわれる。

いや、いくら強火にしても大丈夫なんだ、でも、万が一、溶けて底に穴があいたらどうなる、と、不安と戦いながら、こわごわ火を強くしたり弱くしたりする。

ようやく煮たってきたので、一本うどんをすすってみる。

うん、なかなかコシがあって、このたぐいのウドン特有のネチャリとしたところがない。

一口、ツユをすすってみる。

うん、いかにも水っぽく、辛みもカレーの味も淡泊で、どうにも物足りない。それに、いかにも残念なのは、外装に表示してあった鶏肉の大きさと、実際の大きさに開きがありすぎることだ。ネギも、中身は乾燥ネギであった。

とりあえず、台所にあった「本格派手造りインドカレー粉」を足してみる。

顆粒の「スープの素」も足してみる。これで俄然、味がよくなった。

ここで急に考えが変わった。サンダルを突っかけると、再び「たのコン」に出かけて行った。

「豚コマ一九八円」「玉ねぎ二個パック一五八円」「ネギ二本パック一三八円」を買って帰ってくると、次々に、少しずつ、それらをアルミ鍋に足していった。

足していって味をみるたびに、味がよくなっているのがわかる。

豚コマが、まことに有効であった。

玉ネギも、味の向上に大いに貢献している。

量もかなり増大した。

誰の目にも、事業がうまくいっていることが明らかだ。気をよくして、さらに積極策に出た。戸棚にあった「ガラム・マサラ」というインドカレー用の粉末を足し、さらに豚コマと玉ネギを少し増やした。

資本が次々に投下された。

さらに味がよくなった。

事業がうまくいくときは、えてしてこんなものだ。

積極策が、次々に図にあたる。

創業者の時代は、肉も貧弱、ツユも貧弱、規模も小規模で貧寒とした事業形態であったが、二代目がよかった。

二代目が積極的に出たのがよかった。思いきった資本投下がよかった。

事業は拡張につぐ拡張で、こんにちのこの隆盛をみた。

けっきょく
あの「鍋」は
なんだったん
だろう？
ヘナ

事業はいまなお発展中で、増量を続けながらグツグツと煮たっている。

水を足し、肉を足し、玉ネギを足し、本物のネギを足しているうちに、カレー本体がアルミ鍋のフチ、ぎりぎりのところまで盛りあがってきた。中身の重みで、アルミ鍋がしなっている。

「これでは土台がもたない」

嬉しい悲鳴であった。

二代目は、台所にあった本物の鍋を嬉しそうに取りあげると、アルミ鍋の中身をそっちにドッとうつすのであった。新社屋への引っ越しである。

しかし、よく考えてみると、これなら最初から本格カレーの作製を思いたったほうが、よかったような気もするのだが……。

（『駅弁の丸かじり』所収「アルミ鍋カレーうどんの発展」）

おでんにトンカツ変わり蕎麦

蕎麦屋に入って、
「さて、何を食べようか」
と思ってメニューを見る。
〝種物〟を食べようと思って種物のところを見る。
きつね、たぬき、天ぷらなどの定番もの。
鴨南ばん、カレー南ばん、月見、おかめなどの準定番もの。
山菜、にしん、納豆、とろろ、鍋焼きなどの一風変わりもの。
大体こんなところが、いちおう定着している蕎麦屋のラインアップである。
このカントリークラブのメンバーは不動で、新規加入者を寄せつけない。
この風潮に対して、当然、

「油揚げが参加しているのに、ガンモドキを加入させないのはなぜか」

「ニシン蕎麦があるのに、シャケ蕎麦がないのはなぜか」

といったような声が起こってくると思う。

天ぷらが当然のようなカオをしてのっかっているのに、トンカツをのせないのはなぜか。

そういう声に対して、蕎麦屋および世間は、

「そうは言ってもカツはちょっとね」

「いくらなんでもそこまでは……。常識というものがあるのよね」

といったような反応を示す。

しかしです。そんな悠長にかまえていられるご時世かどうか。

たとえばアメリカが、ブッシュが、イチャモンをつけてきたらどうするか。

日本の蕎麦屋の種物に、牛肉を参加させろ、コーンを参入させろ、と言ってきたらどうするか。

蕎麦の上にローストビーフをのせろ、ハンバーグをのせろ、オレンジものせろ、と言ってきたらどうするか。

エビや鴨をのせておいて牛肉をのせないのは、一種の非関税障壁ではないのか、蕎麦屋と種物業界の談合ではないのか。

いろいろつくって
いっぺんに
食べるのって
楽しい！
さて
わんこ蕎麦ふうに
ウニ
タラコ
高菜漬
ナットウ
(ワサビで)
大根おろし
ナメ茸

われわれの要求する蕎麦屋の種物二十八品目を受け入れ、五年以内に総額十億ドルの消費を達成せよ、といったような記事が、ある朝、新聞を拡げたら一面に載っていた、ということはありえないことではない。

通産省はただちに業者代表を呼びつけて、二十八品目受け入れを行政指導することになる。

アメリカは日本の蕎麦事情にうといから、何を言ってくるかわからない。

牛肉をスキヤキにしてのせろ、七面鳥をのせろ、モツ煮こみものせろ、ツナものせろ、ギョウザものせろ、タコものせろ、シオカラものせろ、トンカツものせろ、と、理不尽なことを言ってくるにちがいない。

大豆を豆腐にしてのせろ、サツマ揚げものせろ、コンニャクものせろ、と、思いつくままを言ってくるにちがいない。

消費者は、深いため息をつきながら、コンニャク蕎麦や、トンカツ蕎麦や、ローストビーフ蕎麦を食べさせられることになる。

と、誰でも思いますよね。

ところがです。

そういう事態を予想していたわけじゃないのに、すでに日本の蕎麦屋で、こうした種物をのせた蕎麦があるんです。

コンニャク蕎麦もあるし、トンカツ蕎麦もあるし、ローストビーフ蕎麦もある。

コンニャクは、おでんの形で、チクワなどといっしょにのっかっているのが、東京は有楽町の「おかめ」。

ローストビーフは浅草の「十和田」。

さつま揚げは福岡の「英ちゃんうどん」。

シオカラは岩手の「嘉司屋」。豆腐は千代田区岩本町の「十六文そば七」。

トンカツは神楽坂「翁庵」。

カツオは世田谷区奥沢の「巴町砂場自由が丘店」。冷たい蕎麦の上に刺し身でのっかっている。
タコは京都先斗町《ぽんとちょう》の「有喜屋」のメニューにちゃんとある。（いずれも文春文庫の「ベストオブ蕎麦」による）
さあ、こうなると、ブッシュは強気になり、ついさっき「いくらなんでもそこまでは……」と言ってた人は急に弱気になる。
「ローストビーフ蕎麦、案外いけるかしんないわね」

シオカラ蕎麦

「ベストオブ蕎麦」より

「常識って、あてにならないものよね」

と急に態度が変わってくる。

だけど実際のはなし、そういう珍奇ものの蕎麦の味はどうなのか。

とりあえず、トンカツ蕎麦の探求に行ってみました。

熱い蕎麦の上に、薄めのトンカツと小松菜。

トンカツは揚げおきの冷えたやつで、そのせいか蕎麦とカツがお互いによそよそしい。

「お互いにうまくやっていきましょうや」

というところがない。

カツもカツ史上、カツ丼以外にはこんなにも湿ってしまった経験はこれまでなかったわけで、〝不本意〟という表情が見てとれる。

ところがけっこういけるのです。

揚げたてでないから、カツのしつこい油がツユに影響を与えない。

お互いよそよそしいところにおいしさがある。

コロモはかなり頑丈で、ツユで湿ってくずれ落ちることがない。

カレー蕎麦があるのだからカレーパン蕎麦はどうでしょうか？
るるん
突きくずしながら食べる

カツオ蕎麦。冷たい蕎麦の上にカツオの刺し身が六切れ。海苔とアサツキ風の青ねぎ。おろし生姜で食べる。

これは、そのぉ、なんです。家庭内別居をしているのだが、世間に対しては、いちおう仲良さそうにふるまっているので、ついうかうかとあがりこんでみたら、やっぱり冷たい空気が流れていたと、そういったような家庭事情でした。

でも、生姜あじの蕎麦も案外いける、ということが発見できて、その点はよかったです。

おでん蕎麦。おでんもツユも上方風で、ツユはカツオの出しがよく効いている。これはまあ、大体予想したとおりといったところでしょうか。

豆腐蕎麦。行ってみたら、豆腐蕎麦（奴そば）は、六月からの季節ものということで、まだメニューになかった。そこで写真のとおりに自分で製作して食べてみました。冷たい蕎麦の上に、豆腐、梅干し、ネギ、けずり節、ワサビなど。

あれこれ食べてみて、一つの格言を思い出しました。

君子、危うきに近寄らず。

（『伊勢エビの丸かじり』所収「変わり蕎麦探検」）

〝醬油かけうどん〟に凝っている

このところ、しきりに凝っている食べものがある。

〝醬油かけうどん〟である。

「なんだかこう、貧乏くさい食べものだねえ」

と言われそうで、これまでじっと我慢していたのだが、日に日に〝醬油かけうどん〟への愛情は深まるばかり。

ついに世間への公表を決断するに立ち至った。

このところ毎日、一日一回は〝醬油かけうどん〟を作っては食べている。

ぼくはいったん凝りだすとわりに長く続くほうで、最低十日間は続く。

以前、焼き豚に凝ったときは、毎日毎日焼き豚を作り続け、焼き豚がどんどん出来てしまい、焼き豚が冷蔵庫にあふれかえって困ったことがあった。

焼き豚は作ってみると、一本一本出来具合が違い、味が違い、こうしてみてはどうか、ああしてみてはどうかと作っているうちに、数十本の焼き豚が出来あがってしまい、あたり一帯はまるで焼き豚屋のようになってしまった。

今回はそういう心配はない。

作ったものはその場ですぐ食べきれる。しかも作り方は極めて簡単だ。

まず料理法からいこう。

この料理は、題名が、この料理の料理法のすべてを言いつくしているという珍しい料理である。

うどんをゆでて引きあげ、あつあつのうちに醬油をかけて食べる。

うまいんだな、これが。

最近、この料理のファンが意外に多いことを知った。

この料理はあまりに貧乏くさいためか、これが好きだということを人に話すことがためらわれる。

そのため、醬油かけうどん好きは、「隠れ醬油かけうどん好き」となって世の中のあちこちにひそんでいるのである。

その証拠に、何気なくこの話題を持ちだすと、ひとひざのりだしてくる人が多い。

「わたしはそこにおろし生姜をそえます」

「ネギは入れないほうがかえっていいですよ」

「生醤油はどうしても味がとんがってますから、味の素が有効です」

いろんな人がいろんなことを試しているようなのだ。

うどん料理は数々あるが、〝醤油かけうどん〟は究極のうどん料理である。

油揚げの助けも借りず、揚げ玉の助けも借りず、鴨肉の助けも借りず、ツユの助けさえ借りない。

裸一貫、身にまとうものは一つもない。

ユニフォームなしの真剣勝負だ。

数あるスポーツの中で相撲のようなものだ。

うどんと醤油が裸で渡り合う。

いやいや、相撲はフンドシをしているが、この勝負はフンドシさえしていない。

小錦と水戸泉が、フンドシをはずして取っ組みあっているところを想像していただきたい。

モノとモノとがじかにぶつかり合う。

ここでは一切の言い訳がきかない。

味のよしあしを、誰のせいにもすることができない。

「うどんはよかったんだが、ツユのほうがどうもねえ」
とか、
「ツユもうどんもよかったんだが、油揚げの味が濃すぎて全体のバランスがくずれた」
などの弁解の余地がまったくないのだ。
だからうどんの選択は大切だ。
ゆで麵や生麵より乾麵がいいようだ。
べろべろ感のあるうどんは避けたい。
だから平べったい麵より、太目で角形、ゆで時間の長い麵がいい。
全体がひきしまった、コシのあるうどんが合う。
うどんがゆであがったら、お湯をよく切って丼《どんぶり》にあける。
湯気もうもうの上からお醬油を少しかける。
このときお醬油の、強く匂い立つのに驚かされる。
お醬油は、あまりに身近に使っているわりには、その匂いをかぐ機会は意外に少ない。
(これがお醬油の匂いだったか)
と、改めて懐かしい。
醬油のにじんだあたりをゆるく掻きまぜてズルズルと一口。
なるほど確かに生醬油特有のカドがある。

そこで〝隠れうどん好き味の素派〟の助言どおり、味の素をパラパラかけるとアラ不思議、たちまちカドがとれて味が一変する。
　うどんがおいしい。
　小麦粉を練って細長く伸ばしてゆでると、なるほどこういう味になるわけね、フムフム、こうコシがあって、こう弾力があって、そのひきしまったものをこう噛んでみると、歯にきしんで、フムフム、なるほど、大本《おおもと》の小麦そのものの味って、結局こういう味だったわけね、そこへ醤油がから

言ってみりゃ
うどんの
刺し身って
ことに
なります
か……

まってこうなってくるわけね、と逐一しみじみ納得できるのである。

むろん、ここへおろし生姜がからんでくるのもわるくはない。

しかし、とりあえずは醤油だけの味を是非味わってみてほしい。

うどんがいかにもうどんらしく、醤油がいかにも醤油らしく、両者毅然としているところがいい。

折れ合わないところがいい。

うどんには醤油がおいしいということがわかると、醤油以外のものも試してみたくなるのが人の常だ。

「蕎麦ツユはどうか」「キムチの素はどうだろう」「ノンオイル梅ジソサラダドレッシングはどうか」「ジャムはどうか」「すりゴマたのむ」「タバスコを是非」「ウチはそこに太白胡麻油を加えます」「じゃあうちはサンフラワーオイルと温泉一泊ご招待クーポンをつけましょう」

と、いろんなことをいろんな人が言ってくるにちがいないが、そういう誘惑には一切乗らないでほしい。

そんなことをしては、醤油一筋、裸一貫から築きあげて、ようやく今日の名声をかち得た〝醤油かけうどん〟のご先祖さまに申しわけが立たない。

（『伊勢エビの丸かじり』所収「裸のうどん」）

蕎麦屋で絶体絶命

人間はいつどこで、どういう災難に遭うかわかったものではない。

ということを、つくづく思わずにはいられない事件に遭遇したのである。

事件は、都心の、ある駅ビルで起こった。

時刻は十二時二十分ごろであった。

「きつね蕎麦でも食ってみっか」

と、ぼくは、その駅ビルの、七階だか八階だかの蕎麦屋に入っていった。

わりに、るんるん、といった気分で入っていった。

入り口のところで、着物姿の女の人に「お一人ですか」と訊《き》かれ、うなずくと、「ではそこへ」と、店の奥のまん中のテーブルに案内された。

災難はそこで発生した。

ぼくの周辺はすべて女性であった。

老若男女ならぬ老若女女。

老若女女が、十重二十重《とえはたえ》にぼくを取り囲んでいるのである。

ぼくはすっかりあがってしまった。

あがって全身が硬直してしまった。

死後硬直ならぬ生前硬直である。

ぼくが案内されたテーブルは、四人掛けの小さなテーブルだった。

四人掛けではあるが、新聞の見開きほど小さい。

その小さなテーブルに、いずれも相席らしい三人の中年女性が黙したまますわっている。

たった一つ空いていた手前左側の椅子にぼくは案内されたのである。

左隣のテーブルはありきたりのＯＬなのだが、その距離は、こぶし二つぐらいの近さだ。

それより何より閉口したのは正面のご婦人である。

ごく普通のメガネをかけたおばさんなのだが、その距離があまりに近い。

このテーブルには、まだ食べ物が一つも来ていないが、もし、いざ食べる段になって二人とも首を前へ傾けたら、二人の頭がぶつかりそうな近さだ。

その近さにメガネのおばさんがすわってこっちを向いている。

こっちはそのおばさんのほうを向いている。

見知らぬ中年の四人の男女が、一人の着物の女性の命ずるままに一カ所に呼び集められ、こうして「新聞紙大」をひしと取り囲んで黙ってすわっている。

一体どこへ視線を這《は》わせればいいのか。

どこを見つめても不自然だが、しかしどこかを見つめなければならない。

しかしこの場合、どこを見つめても不自然だ。しかしどこかを見つめなければならない。

しかしどこも見つめてはいけない。

しかし見つめなければならぬ。

身動き一つさえできない息づまるような緊張。

今はもはや、身動き一つさえも不自然となった。

窮地。地獄。絶体絶命。進退ここにきわまった。

ヌオオオオオオ
緊張のあまり咆哮してしまったN氏

体が硬直したまま、次第に右のほうに倒れていきそうな錯覚にとらわれる。
ワッと泣いて突っぷしてみようか。
「ヌオオオオ」と、うなり声をあげて立ちあがってみようか。
とさえ考える。
いやあ、もう、ほとんど冗談でなく、ああいうときって困りますね。
まさに災難。
わりにるんるん、という気分で入っていった分だけ、よけいに身にこたえた。
まさかこんな事態が待ち

うけていようとは。

ぼくの正面のメガネのおばさんも、それなりに「視線問題」で苦しんでいるはずだ。

ぼくらの右側の、テーブルをはさんだ二人も、やはりそれなりに「視線問題」をかかえているはずだ。

こういうとき、男は大抵、頬づえをついてアゴをしきりになでたりするものだ。

しかしここでは、頬づえをつく面積さえない。

そのうち、無意識にしきりにツメを見つめている自分に気がついた。

そうだ。見つめるものがあったのだ。

こんな手近なところにあったのだ。

ここは、いくら見つめても少しも不自然ではない。

いや、むしろ自然である。

急に自分の健康問題が気になって、ツメによるその診断を急に始めたのだ。

わがグループの三人のおばさんは、そう理解してくれるにちがいない。

「あの人はいままで苦しんでいたようだが、今はああしてツメによる健康診断に専念しているようだ。よかった」

と思ってくれるにちがいない。

ぼくはツメの一つ一つを、熱心に検討しはじめた。

この作業だけでかなりの時間をかせぐことができる。

ぼくは、人間の指にツメがあることを神に感謝した。

そして、ツメが十個もあることを感謝した。

手のツメをじっと見つめる。

自分でも、このあたりから演技の世界に入っているのを感ずる。

「オヤ」という演技を少し取り入れた。

「ツメにタテジワが入っているぞ。ウーム、これはたしか、肝臓だか腎臓だかがよくない兆候ではなかったろうか」

「なかったろうか」のところで、視線をツメから離して宙に這わせる。

かなり重厚な演技のはずであった。

だが、このせっかくの演技も、三人の観客に無視されたようすであった。

「まてよ」

と、またツメを見る。

「ツメの根元の白い部分、何て言うんだっけ」

と少し考えこみ、

「そうそう」

と、思いだした演技をし、

「そうそう、これは半月と言うんだっけ」

と、手を打たんばかりの演技をし、

「うん、この半月があるかぎりは、健康だと思っていいんだ。そう何かの本に書いてあった。よかった」

と、演技は佳境に入っていくのだが、やはり観客には完全に無視されるのであった。

ツメの検討が終了し、裏返して手相の検討に入ろうとしたとき、二人のご婦人の天ぷら蕎麦とかき玉うどんが到着し、もう一人の鴨南ばんも少し遅れて到着した。

やがてぼくのきつね蕎麦も到着した。

地獄にきつね。


（『伊勢エビの丸かじり』所収「蕎麦屋の地獄」）

関西関東どっちがうまい？

大阪へ行ったついでに、関西うどんというものを生まれて初めて食べた。

関西うどんは、これまで一度も食べたことがなかった。

関西のうどんはおいしいと言われている。

関東のうどんはまずいと言われている。

関東のうどんは、関西の人に言わせると、「つゆがまっ黒で、しょっぱくて、醤油くさくて、下品だ」ということになる。

初めて関東のうどんを食べた関西の人は、例外なく驚き、例外なくさげすむ。

そのことを指摘された関東の人は、例外なく肯定し、例外なくうなだれる。

「そこなんです。われわれの恥ずべき点は」

と全面降伏してしまう。

西の味と東の味は常に比較され、いつも論議の種になる。

それぞれに言い分があって、双方ゆずらないのがふつうだ。

うなぎ、寿司、ラーメン、それぞれにゆずらない。

しかし、ことうどんに限っては、関東人はなぜか一言もない。

つゆが「黒い」「しょっぱい」と言われただけで、自分の根元的なことを指摘されたような気がして、顔を赤らめてうつむいてしまう。

うどんをズルズルと食べながらも、関西の人のそういう指摘を思い出したりすると、だんだんうつむき加減になり、なにか、とんでもないものを食べているような気持ちになっていく。

——いいんだ、ズルズル、どうせオレ下品なんだ、ズルズル、……うち貧しかったし、ズルズル、育ちもよくないし、ズルズル、うどんはこれしか知らないし、うるうる——と、涙さえ浮かんできて、なにか犯罪を犯しているような気持ちになっていき、アカシアの雨にうたれてこのまま死んでしまいたい、とさえ思い始める。

とにかく一度、関西うどんというものを食べてみないことには話にならない。

大阪駅兼大丸デパートの、最上階の食堂街に行った。

ここなら大阪のど真ん中だし、こういうところのうどんなら、純正度百％の関西うどんであるにちがいない。

店の入り口のところにあるサンプルケースを見つめていると、母子の三人づれがやってきた。

母親と、小学校二年と五年といった感じの兄弟である。

全員かなり太っていて、兄弟の半ズボンからはみ出した太ももははちきれそうだ。母も子も、つらがまえ、風体が、いかにも〝うどん食い一家〟といった雰囲気をただよわせている。

この一家は、無言で近づいてきて、無言で腕組みし、無言でサンプルをにらみ回し、無言で立ち去っていった。

きつねうどん（四六〇円）を食べることにした。

うーむ、これが関西のきつねうどんか。

油揚げが、真四角だ。

つゆの色がうすい。

ネギの色が青い。

油揚げを横にずらして、つゆを一口すすってみる。

これは、これは。そうか、そうか。

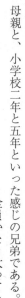

鰹節《かつおぶし》や、その他の節物のダシがよく効いていて、うどんのつゆというより、濃い目の吸い物に、幾分の甘みと薄口醬油を足した味、と言ったらいいだろうか。

関東のうどんのつゆは大抵の人は飲み残すが、こういうつゆなら最後の一滴まで飲み干せる。そういう味である。

うどんは細からず、太からず、関西特有というものは特に見当たらない。

油揚げは関東のものよりかなり厚く、味つけは意外に濃く、かなり甘辛い味ではあるが、稲荷寿司風のしつこさはない。

この店一軒だけで結論を出すわけにはいかないので、次に阪急デパートに行ってみた。

大丸のすぐ隣である。

ショーウインドーのサンプルで見たかぎりでは、きつねうどんは、大丸のと色も形もまったく同じである。

そうか、そうか、同じか、とうなずいていると、さっきの〝うどん一家〟がまたしても無言で近づいてきたのである。

ぼくが大丸でうどんを食べていた間、どこでどう過ごしていたのだろうか。

一家は無言で近づいてくると、またしても無言でサンプルをひとわたり見回し、また

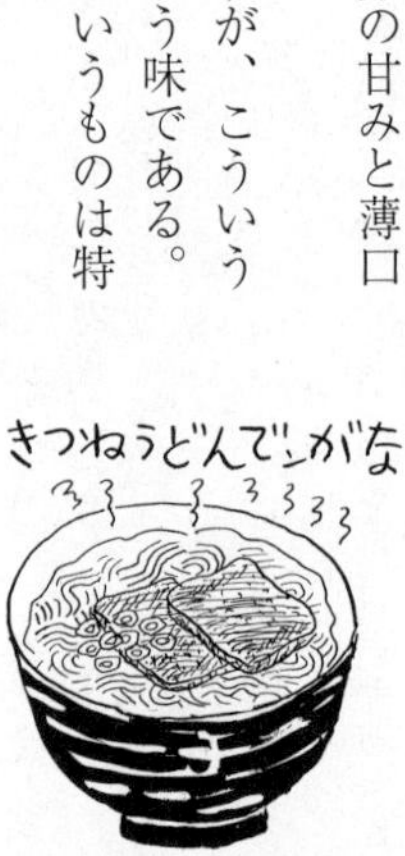

しても無言で立ち去っていったのである。

〝ナゾのうどん一家〟と言わねばなるまい。

この店のメニューに珍しいものがあった。

エビの天ぷら一本と、油揚げ一枚をのせたうどんである。

これなら、天ぷらうどんときつねうどんを同時に味わうことができる。

ときには天ぷらうどんであり、ふと気がつけばきつねうどんでもあり、気をとりなおしてよく見れば、〝天きつねうどん〟でもあるという、いかにも大阪的な発想のうどんである。

これにカマボコと卵を入れれば、〝天きつ月かめうどん〟となるであろう。

翌日は、新大阪駅構内で、きざみうどんというのを食べた。

きつねうどんの油揚げが、短冊形に包丁で、〝きざん〟である。

この店は「浪花そば」という店で、駅構内によくある、いわゆる〝立ち食いそば屋〟なのだが、この立ち食いそば屋には椅子がある。

立ち食いそば屋であると同時に、すわり食いそば屋であるという、ややこしい店なのである。

この店にはふつうのきつねうどんもあり、それは三四〇円で、きざみのほうが三一〇円。

きざみ賃ということを考えれば、きざみうどんのほうが高いはずなのに、このあたりも関西うどんのナゾの部分と言えそうだ。

うどん関係の本で調べてみたところ、関東と関西のつゆの違いは次のようなものであった。

関東のつゆは、濃口醬油、砂糖、鰹節だけでつくる。

これに対し関西のつゆは、薄口醬油、砂糖、鰹節、昆布でつくり、これに塩を加える店が多いという。

関東のつゆは、うどんにからませて食べるつけ汁のような役割であるのに対し、関西のほうは、つゆが主役で、その主役のつゆの中にうどんがひたしてある、といったところだろうか。

どっちがおいしいか。

関西のほうがやや優勢、という立場をとるにやぶさかでない、とは言いきれない、わけではない、ような気がしないでもない。

（『ワニの丸かじり』所収「初体験関西うどん」）

うどんすきはスポーツだ

夕方、京橋の「美々卯」でうどんすきを食べていて、ふとあることに気がついた。

どうもなんだか、座敷中に活気がある。

この店は、場所がら、テーブルを囲んでいるのは、ほとんど全員、ネクタイ姿のサラリーマンだ。

それも中高年以上のサラリーマンだ。

その中高年サラリーマンが、実ににぎやかなのだ。

うどんすきというのは、ここ「美々卯」の専売特許で、うどんのすき焼きである。

すき焼きといっても、牛肉を使うすき焼きではなく、すき焼き風に、みんなで鍋を囲んで食べるうどん、というほどの意味であるらしい。

関西風の、透明感のある色のうすいツユに、うどん、鶏肉、その他の具を入れる。そ

の他の具としては、ハマグリ、しいたけ、カブ、エビ、アナゴ、ガンモドキ、里芋、ミツバ、ニンジン、ホーレン草、麩、餅などがある。

入れこみの座敷いっぱいの、中高年のサラリーマンたちの声が高い。笑い声が多い。そして動きがある。

すき焼き屋の座敷、しゃぶしゃぶ屋の座敷、うなぎ屋の座敷とは違ったにぎやかさだ。

うどんのくつろぎ、とでもいうのだろうか。

中高年のサラリーマンたちが、うどんでくつろいでいるのである。

同じ鍋でも、すき焼きやしゃぶしゃぶの場合は、座が幾分、重厚、かつ深重、かつ遠慮といった雰囲気になりがちだが、うどんすきにはそれがない。

すき焼きやしゃぶしゃぶには、停滞ないしは中断のひとときがあるものだが、うどんすきにはそれもない。

なにしろ相手は、どうあがいても、たかがうどんだ。

うどんがあがくわけではないが、牛肉とうどんでは勝負にならない。

そういう気易さから、座が盛りあがるようだ。

活気の原因は、動きにもあった。

相手は長いうどんであるから、それをすくいあげるときに、ヒザごと幾分伸びあがることになる。

うどんを高くかかげ、二、三度振って汁を切ることになる。

汁を切ったら再びすわりこんでそれらを食べることになる。

これらの動きは、他の鍋物にない大きな動きである。

運動量という意味からいっても、うどんすきは鍋物界の第一位ということになるのではないか。

そういう意味では、うどんすきは、スポーツ鍋ということもできる。

　まわりを見回してみると、どのテーブルも、常に最低一人は、中腰になってうどんをすくいあげている。

　あっちでもこっちでも、すくいあげている。

うどんすきは
ソーメンと
同様
食べすぎに
注意

　すくいあげてないテーブルは一つもない。

　そして、どのテーブルも、統率がよくとれている。

　ひとテーブル、五人か六人というのが多いのだが、一人が冗談を言うとあとの五人が声をそろえて一斉に笑う。

　一人が何かについての感慨をしんみり述べれば、あとの五人が一斉にしんみりとうなずく。

　一人が池内君の再婚の話をすれば、あとの五人は一斉にその話に興味を示す。

「いえ、わたしは池内君の再婚の話には興味ないです」

　という人は一人もいない。

　常に一斉であり、一体であり一丸である。

　中高年サラリーマン同士のチームワークは見事な

ものだ。

ここに一人でも、若い人が入っていたりするとこうはいくまい。

そして、そのチームワークづくりに、うどんすきが大いに寄与しているような気がしてならない。

「美々卯」のうどんすきは、一人前二千九百円である。

ご承知のように、うどんの原点はかけうどんである。

立ち食いそば屋で食べれば、一杯二百三十円だ。

かけうどんに油揚げを入れると、きつねうどんになる。

原点であるかけうどんに、カマボコが入ったり、卵が入ったり、天ぷらが入ったり、あるいはその全部が入ったりして少しずつ値段が高くなっていく。

町なかの蕎麦屋のうどんの最高位は鍋焼きうどんで、値段は八百円ぐらいのものだろう。

そして、ここで大切なことは、かけうどんのうどんも、最高位の鍋焼きうどんのうどんも、質は違えどうどんはうどんだ。

何が彼を立身出世させたかというと、取りまきが立身出世させたのである。

天ぷらやカマボコや、伊達巻きや卵やしいたけが、彼を立身出世させたのである。

うどん自身は何にも努力していない。

ただ、うどんの箱の中に、平たく、平等に、幾列にも並んでいただけだ。

その中から、あるものは偶然つかみあげられて、かけうどんとして世に出ていったものもあれば、偶然つかみあげられて鍋焼きうどんとして出世していったものもある。

偶然と取りまき、これがうどんの運命を決める。

そこのところに、中高年サラリーマンは、かぎりない共感を覚えるのかもしれない。

うどんすきの座が盛りあがるのも、そのせいなのかもしれない。

ま、それはそれとして、うどんすきというものはなかなかいいものだ。

「美々卯」のうどんすきを食べてから、うどんすきがくせになってしまって、もう何回も自分でつくって食べてしまった。

ツユは、関東風の甘からの色の濃いのではダメで、やはり関西風うすくち醤油仕立て甘みほとんどなし、というのがいい。
具は、汁がにごらないものなら何でもいいわけで、思いついたものをどんどん入れるのが楽しい。
チクワ、油揚げ、さつま揚げ、山菜、豆腐、天ぷら、何でもいいわけで、餅を入れ、キリタンポを入れ、最後にゴハンを入れておじやにしたりして、何の鍋だかわからなくなっていくところも楽しい。
ぜひ一度おためしください。

(『タクアンの丸かじり』所収「うどんすきの活気」)

ヌーハラ対策「音彦」の謎

ハラスメントがいましきりに話題になっているが、一口にハラスメントといってもいろいろある。

ちょっと整理してみましょう。

セクハラ、パワハラ、アルハラ、スメハラ（匂い）、マタハラ、スモハラ（煙）、ヌーハラ（ヌードル）、テクハラ（機械音痴）、モラハラ（モラル）……まだまだあって一説には三十五種類あるという。

これらのハラスメントの中で花形はやはりセクハラということになるのではないか。

花形という言い方はおかしい、というならメインというかメジャーというか……。

要するにハラスメントとは嫌がらせのことだから、当人が嫌がらせだと思えば何でもハラスメントになる。

ズッ
ズズズズ
ズズッ
ズッ
ズズズズッ
盛大です

セクハラは何しろ花形であるから派手なハラスメント、すなわち派手ハラということになる。

一方、小物というか、地味系のハラスメントもある。すなわち地味ハラ。

ヌーハラはどっちかというと地味系だと思う。

麺をズルズル啜る音なんて大した音じゃないと思いますよ、新橋のガード下に比べれば。

あそこには店がたくさん並んでいて立ち食いそば屋もあるしラーメン屋もある。

そういう店でそばをズルズル啜っているときに電車が上をガーッと通ってごらんなさい。

力一杯そばを啜ったって電車の音には敵《かな》わないでしょうが。

麺類をズルズルッて啜る音、ぼくは好きだな。

思いっきり力強く啜る音、いいと思うな。

隣にそういう人がいると、やってるやってる、と思って好感が持てる。

ぼくに限らず、日本人ならみんなズルズルに好感を持っていると思う。

その証拠が落語の「時そば」。

先代の小さん師匠の時そばのズルズルは絶品だった。

〝エア〟で啜っているのに、あたりにそばつゆが飛び散るように見えた。

そばを全部食べ終え、つゆを飲もうとしてエアの丼を両手で抱えてアゴが少しずつングングングと上がっていくあたりになると拍手、拍手、また拍手という有り様だった。

寄席に行って小さんの時そばを見ようという人は、金を払ってまでズルズルを聴きたいという人たちである。

外国人にとっては聴くに堪えない音に、日本人は金を払うのだ。

それなのに外国人はなぜあんなにズルズルを嫌うのだろう。

日本人のズルズルを聴くと寒気がする、という外国人もいる。

こっちは拍手、あっちは寒気。

何とかいい方法はないのだろうか。

オリンピックも近いことだし、外国人もいっぱい来ることだろうし、ただ困った困ったで済まされる問題ではないのだ。

何とかしなければならぬ。

と思っていたら、

「何とかしましょう」

と手を挙げた企業があった。

カップヌードルの日清食品である。

どう何とかするのか。

これがまた意外や意外、その手があったか、と思わずヒザを打ちたくなる奇想天外な発想。

さっきの新橋のガード下の発想です。

トイレで使用中の音を消す「音姫」というのがありますね。

歯には歯、音には音でズルズルをごまかそうというアイデア。

カップヌードルはフォークで食べるが、そのフォークの柄のところに機械を取り付け、ズルズルという音がするとその機械が感知してスマホに伝わり、スマホからズルズルに対抗する音が流れ出る、という仕掛け。

音は「ジェットエンジンに似た電子音」だという。

ホラ、やっぱり新橋式が有効なんだ。

でもそういう機械ってかなりでかいんじゃないの、と訊くと、ハイ、でかいです、という。

そんなでかい物をフォークの柄に取り付けたら持ちにくいんじゃないの、と訊くと、ハイ、持ちにくいです、という。

持ちにくいと食べづらいんじゃないの、と訊くと、ハイ、食べづらいです、という。

そのフォークいくらするの、と訊くと、1万4800円（仮の値段）です、という。

そんなもの誰も買わないんじゃないの、と訊くと、ハイ、誰も買いません、という。

二〇一七年（去年）、日清食品はこの物々しいフォークを開発し、その名も「音彦」と名付けた。

「音姫」に対する「音彦」。

東京オリンピックにおける「ズルズル問題外国人対策」ということもあったのでしょう。

十月二十三日に予約受付開始。

予約が5000個に達したらいよいよ生産開始、という予定だったのだが結果は249個。

ということで「音彦」はまだ世の中に姿を現していないのだが、ここで少し驚いてください。

249人が「音彦」を申し込んだということ。

あの、といってもまだ映像でしか見ていないのだが、でかくて持ちにくくて食べづらくて重そうで1万4800円もする、ただラーメンを啜るためだけのフォークを本気で買おうとした人が249人。

万が一、これから先、予約が5000個に達して市販されるようになれば値段も下がるだろうし、1000円ぐらいになったとしたら買ってみるにやぶさかでないな、なんて思っている人が一人、ここにいます。

(『パンダの丸かじり』所収「ヌーハラ対策「音彦」」)

これがしあわせ、暮れに打つウドン

久しぶりにウドンを打ってみた。

実に簡単、まことに美味、どなた様もぜひ一度打ってみることをお薦めする。

「あのね、いま年の暮れなの。ウドン打ってる場合じゃないの」

と言う人もいるかもしれない。

しかし、年の暮れのあわただしさのなかで、あえて一人落ちつき、静かにウドンを打つというのも、なかなか捨てがたいひとときとはいえないだろうか。

ウドンを打つという作業は、やってみるとわかるが、孤独で思索的で、心の中に沈潜してくる何ものかがある。

自分を取り戻すひとときを与えてくれる。そして楽しい。レクリエーションにもなるし、それにかなりの運動にもなる。少なくとも腰が痛くなることだけは保証する。年の

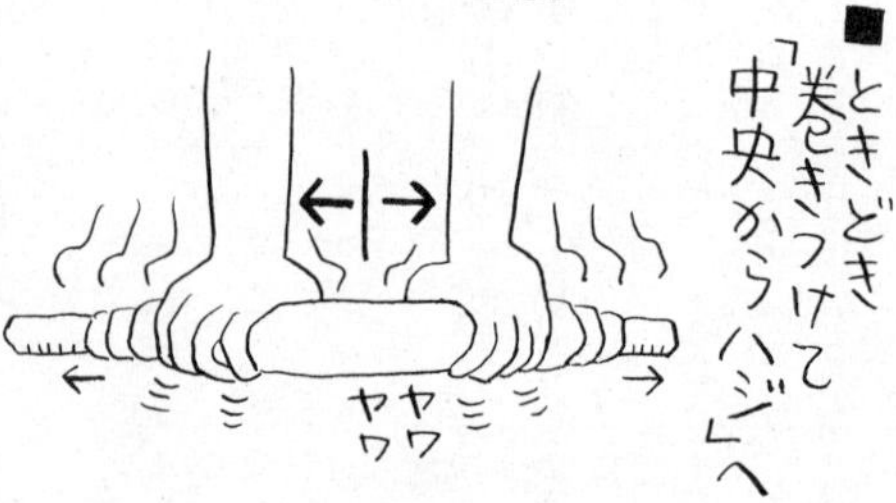

暮れで運動が不足しているおとうさんに、ぜひお薦めしたい。

それより何より、手で打ったウドンはおいしい。

市販の生麺や乾麺の比ではない。

「そうか、そうか。練って固めた小麦粉のおいしさはこれだったのか」

と、しみじみ思うにちがいない。小麦粉を通して、穀物の小麦の味をたどることができる。

コシがあってモチモチと弾力があって、一本一本の角《かど》がはっきりと舌で感じとれるウドン……。

さあ、打ってみよう。

材料は何かというと、**小麦粉と塩と水**、これだけである。あと何にも要らない。粉は中力粉というのがよく、これはなかなか売っていないので強力粉と薄力粉を半々に混ぜる。

道具は大きめのボウルと麺棒だけ。

麺棒は何としても用意したい。長いほうが使いよく、六十センチぐらいのをスーパーで千円で売っている。

用意するものはこれだけである。

強力粉、**薄力粉各五〇〇グラム**、合計一キロで作ってみよう。

これで一家四人では食べきれないほどのウドンができる。（六〜七人前）

粉一キロに対し、**水が四五〇cc**。**塩大さじ二杯半**。

強力粉と薄力粉を、ドサドサとボウルにあける。フルイなど使わなくていい。

これを箸でよくかきまわす。

粉をしみじみと見てみよう。

粉ほど料理の材料の中で頼りないやつはいない。例えば、キンピラごぼうの材料のごぼうは、しっかりと握れる。握って頼むぞ、という気になる。

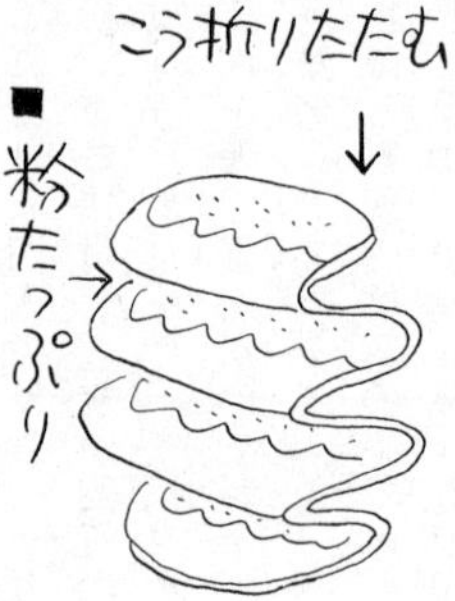

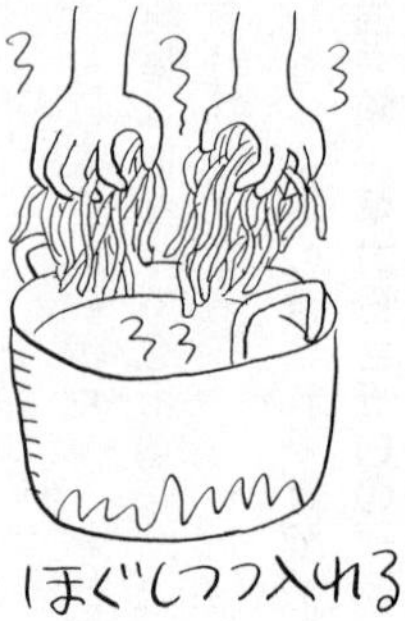

しかし、粉は握るに握れず、どこにどう頼んでいいのかわからない。

この粉の、どこのどのあたりが当人なのか判然としない。

交通法規などでいうところの《当該車両》の当該の部分がどこにも見当たらない。困ったやつだ。

困ったやつなので水をぶっかけよう。

おっと、その前に、水の中に塩大サジ二杯半を溶かしこんでおこう。塩は重要である。塩を忘れるとコシのないフニャフニャウドンになる。

水はチョビチョビと入れ、入れては箸でかきまわし、やがて全部投入。

投入したら今度は手でこねる。まとめては押しつけ、まとめては押しつける。

最初のうちはポロポロと粉がくずれ落ちてまとまらず、「これは水が足りないナ」という心境に陥る。必ず陥る。

ここで水を足してはならない。

人を信じて作業を続けよう。

見よ。あれほど崩落につぐ崩落の連続だった粉たちは、やがて己の立場を理解し、一つのカタマリとなってゆくではないか。人を信じることの大切さ、信念を貫くことの尊さを、粉が教えてくれたのである。

ここまで五分。一応まとまったら（多少粉っぽくてもかまわぬ）、次はこれを足で踏む。包むのは、スーパーのビニール手提げが出し入れに便利でよい。

これに包んで足で踏み、直径が足の幅ぐらいにひろがったら取り出して風呂敷を包むみたいに折りたたみ（茶巾ずし風）、また踏み、これを繰り返すこと十五分。

フニャフニャしたものを足で踏むのは、楽しいような、気持ちわるいような、へんな気分である。しばし童心にかえる。

十五分踏んだら丸くまとめ、濡れぶきんで包んで一時間ほどそのへんにころがしておく。金庫に大切に入れておいてもいっこうにかまわない。

一時間経《た》ったカタマリは、押してみるとネットリと硬くなっている。

これを二つに割る。

ソフトボール大のものが二個できるはずだ。テーブルの上に粉をまぶし、ソフトボールにも粉をまぶし、最初はてのひらで押しひろげ、直径十五センチぐらいになったらいよいよ麺棒を使う。

うどんすき

中央から周辺へ、という方式で押しひろげていって、新聞片面ぐらいの面積になったとき、厚さが三ミリぐらいになっているはずだ。これにもう一度、裏表満遍なくたっぷり粉をまぶす。くっつかないためである。

これを屏風《びょうぶ》方式でヘナヘナと折りたたむ。十センチぐらいの幅に折りたたむと切りやすい。屏風の間の粉は、折りたたんだとき、はみ出すぐらいの量が欲しい。

このぐらいないと、切ったときくっつく。切り始めてからは、〝くっつき〟との戦いである。

包丁で幅三ミリぐらいに切っていく。

ウドンの切断面同士がジカに触れあったら必ずくっつくと思って欲しい。

十回切るごとに粉をまぶし、両手で持ちあげて揺すって粉を切断面にゆきわたらせるようにする。くっついている部分は手で離しておく。

さあ、これを茹《ゆ》でよう。

お湯は大量、ウドンは少量が原則だ。

何回かに分けて茹でたほうがいい。

ウドンを両手で持って粉をよくふり落とし、ほぐしつつ熱湯の中に入れる。

茹でる時間は約八分。

一本とって食べてみて（このまま食べるには硬めかナ）というぐらいでいい。

お湯大量、粉をよく落とす。この二点が大切である。これを守らないと湯が濁り、ウドンの歯切れがわるくなる。

引きあげたら水を流しつつ、よくもみ洗いをする。

このあとキツネウドンにしようが何にしようが、この水洗いは必ずやる。これをやらないとウドンが締まらない。

水けをよく切り、ひとつかみずつ小分けをして容器に並べておく。ドサドサ山盛りにしておくと、自分の重みで下のほうのウドン同士がくっつく。

せっかくの手打ち手づくりウドンである。キツネやタヌキもいいが、ウドンすきという手もある。意外においしいのが、茹でたてのアツアツに醤油をふりかけて食べる〝醤油ウドン〟である。おろし生姜を少し加える。

アツアツを嚙みしめつつ、「ヒハハヘ、ヒハハヘ」とつぶやくことになる。

「しあわせ、しあわせ」である。


（『キャベツの丸かじり』所収「暮れに打つウドン」）

大盛り！　解説編

大盛り！　解説編①――沢野ひとし

東海林さだおは今や国民的作家である。三代にわたって読みつがれてきた作家、あるいは日本全国津々浦々まで誰もが知っている作家を国民的作家と呼ぶのなら、東海林さだおの名を挙げてもあながちまちがいではない。

たしかに吉川英治、松本清張、司馬遼太郎、池波正太郎氏らと互角に肩をならべる作家かといわれると返答に困るが、広く深く国民に読まれている点は疑う余地もない。

思いかえせば今を去ること二十六年前、一九六八年十月の『漫画讀本』から東海林さだおは作家のスタートを切った。「ショージ君のにっぽん拝見」が記念すべき第一作目の作品である。一九七〇年九月号で『漫画讀本』は休刊になったが、すぐ翌月の『オール讀物』に移り、タイトルは時々変わりながらも、名作が未来永劫のごとく今日までつづいている。簡単に二十六年前と書いたが、これは並大抵のことではない。

才能、日々の努力、運、体力、これらのものが一つでもくずれたら、今日までつづかなかったはずである。『東京ブチブチ日記』『ショージ君の「ナンデカ？」の発想』『平成元年のオードブル』『笑いのモツ煮こみ』『食後のライスは大盛りで』『ニッポン清貧旅行』と最近の作品だけあげても、傑作・名作が多い。いったい東海林さだおの才能は枯れることを知らないのか。二度と同じテーマ、話題が重ならないというのもおどろきである。なんだか東海林さだおがこのごろ私はこわくなってきた。この作家の辞書にはマンネリという言葉がないのだ。

私の身近なところにも東海林さだおの読者は大勢いるが、今回は家族の者に登場してもらう。高校二年生のバカ息子は「本」といえばオートバイ関係の雑誌しか目を通さないのに、東海林さだおと椎名誠の本は「とにかくおもしろい」と目をかがやかせている。どこがおもしろいのかと父親としてたずねると「うっせい」だ。たしかに東海林さだおのおもしろさを四の五のいうことはできない。乱暴な返事だが「うっせい」が正しいかも知れない。

一方美術大学に通う娘は「丸かじり」シリーズをほとんど読んでいて、「読んでいるうちに食べたくなっちゃうの」である。彼女は画家としての目で東海林さだおのマンガも愛しており、「とにかく動物が可愛らしくて大好き」と意外な答えをだした。私としては社員食堂でタンマ君がアヂアヂなどと汗をかいているマンガをニンマリ見ているのに、娘は犬やライオンの絵に心がひかれていたのだ。つづいて、とかく問題の多い妻は「病気の時やくたびれた時に読むと、温泉につかっているようにのんびりした気分になる」と、すっかり東海林さだおに身をあずけている。国立市に住む七十一歳になる妻の母は「私は藤沢周平と東海林さだおしか読みません」とキッパリいう。国立市がその昔、北多摩郡といわれていた時代から愛読していたというからハンパではない。

なぜ東海林さだおはこれほど多くの国民に愛されるのだろう。理由はたくさんあるはずだ。たとえば庶民的、読みやすい、心あたたまる……とあげられるが、私の答えはひとことでいうなら「戦後の国民国家の成立に伴い、自国語を用いて書かれた独自の世界と文学への民族的危機感の中で、東海林さだおに読者はすがりついていった」とまとめたい。

さて今回の『タコの丸かじり』だが、なんとも大胆な題名である。激辛三十倍カレーを丸かじりし、ネコ缶まで丸かじり、と東海林さだおの体験シリーズがとかく論争を呼び起こしている。この「丸かじり」シリーズは現在すでに単行本で九冊でている。『食後のライスは大盛りで』あたりで食べる話はおわるのかと思った私がうかつであった。このまま私が歳をとり死んだとしても、なんだか「丸かじり」シリーズはどんな時代がこようとつづいていきそうで、うれしいやら鳥肌がたつやら、最後はブキミな東海林さだおの笑いが私をおそいそうでふるえている。

さて、東海林さだおの知られざる横顔についてせまってみたい。東海林さだおがマンガの主人公ショージ君のようにドジな人間だと思っている人がいるとすれば、本人としてははなはだ迷惑な話である。

十年ほど前に、はじめて私は東海林さだおさんに会った。友達の椎名誠から「失礼のないように」と注意をうけながら、お近づきになれた。ある日、編集者、弁護士、カメラマンなど十名ほどで甲府のサントリーワイナリーの工場に遊びに行ったことがあった。三月の中旬なのにブドウ畑にはあいにく雪がふり、天候がよくなかった。が、しかし思い出にのこる楽しい一泊泊まりの温泉旅行であった。

集合場所は新宿の中央線ホームで、朝がわりと早かったことをおぼえている。私がホームに登っていくと、幹事役の編集者は、東海林さんが見えるからと、すでに緊張したおももちで立っていた。自宅が八王子にある東海林さんは、旅の出発はやはり新宿でなくては気分がもりあがらないと、わざわざ逆もどりして新宿にかけつけてきたのだ。それを知り、私はなんと律儀な人なのかと思った。長いことエッセイを愛読していたので、およその雰囲気は想像がついたのだが、会うまではどんな人なのか、皆目見当がつかなかった。

「おはようございます」旅行バッグを肩に、Gパンに白いスニーカー姿でひらりとあらわれた。手にはスポーツ新聞と、駅のキヨスクでなにかを見つけたのかビニール袋を提げていた。思っていたより背が高く、体格がいいのに驚いた。失礼ながら歳のわりには青年といった感じで、体のうしろから後光がさしていた。そして席につく時の身のこなし方がやけに軽いのだ（のちに、毎週仕事場のある地元で早朝野球をこなしていると知り、納得した）。

若い女性の編集者にワッとかこまれた東海林さんは、照れながらもうれしそうに挨拶をしていた。列車の中はそこだけ花が咲いたような感じで、私は少しおもしろくなかった。こういう機会は二度とないと、私は腕組みをしながら東海林さんを冷静に監視することにした。セーターの下から見えたチェックのシャツに感心しているといつの間にか列車は新宿駅をたった。

中央線をゴトゴト走りだしたかと思うと、アッという間に特急列車は立川駅を過ぎていった。するとおもむろに東海林さんはビニール袋から缶ビールを二本とりだし、窓のところに並べはじめた。小さくほぐれたクサヤのビン詰、乾燥したホタテ、そして楊枝をていねいに置くと、「ふふふ」と少女のごとく笑った。

となりの幹事役が「用意がいいですね」というと、東海林さんは「これも」と赤いアミにつつまれた冷凍ミカンの袋をだした。「これがないと列車の旅は気分がでませんから」とふたたび下を向いてくすりと笑った。

東海林さんはこのように準備万端の人なのだ。あわてずさわがず、マイペースで世の中をたのしんでいる人なのだ。ということは、となりにいても気をつかわなくてもよいといえる。私が仲間の一人が持ってきた新型のウォークマンにとびつき「すごいすごい」などとさわいでいる間に、東海林さんはとけかかったミカンを女性軍に一人一人手渡していた。

甲府駅からは温泉旅館の送迎バスが迎えにきており、一同なぜかバスの前で記念写真をとったのち宿についた。各自が部屋におちつき、着がえて温泉に入り、夜の宴会となった。

東海林さんは宴会が苦手なのか、浴衣のそでに手を入れたままうつむいていた。なんと会場にはカラオケまであり、舞台の上でさわぎまくる二人の弁護士組まで登場した。ひととおりの宴会がおわり、広い幹事役の部屋に、ぐっとあでやかになった女性軍と一緒になだれこみ、だらだらと酒を飲みはじめた。私は酔いにまかせたふりをして、となりにいた美女にしなだれかかるように体をくっつけていると、遠くの方にいた東海林さんから「少しはなれて」と注意をうけた。始めは何のことをいわれているのか分からなかったが、東海林さんの表情はけわしく、「どんな時でも異常接近はいけません」と真面目にいわれた。あわててはなれると、東海林さんはふたたびおだやかなやさしい笑顔になった。今まで監視する方にまわっていたのに、うかつにも見られていたのだ。ものしずかな人だなと思っていたが、このようにすべて見るべきところは見ている人なのである。あなどれない人だ。

その後、東海林さんとは八丈島、下町の飲み歩き、新宿のバー、と何回か会ったが、そのいつもおだやかな笑顔はかわることがなかった。女性に必要以上にくっつかないかぎりほとけさまのような人である。

最後に東海林さんがどんな本を読み、文章の研究・訓練をしてきたかを紹介したい。これは『本の雑誌』一九八四年十二月号に東海林さんが並べた「オールタイムベスト10」である。

・北杜夫　・太宰治　・ヘミングウェイ　・梶井基次郎　・中島敦　・木山捷平　・丸山薫　・大宅壮一　・有島武郎

これらの作家を眺めると、東海林さだおさんの上質な文学性がより理解できる。その上すべて、全集を中心に何度も読むと知り、私は東海林さんのひたむきで真摯な本の読み方にあらためて感銘を受けた。東海林さんはやわらかい文章に時々むずかしい漢字、たとえば「臥薪嘗胆《がしんしょうたん》」などの文字を使うが、これはけっしてコケおどしではなく、その言葉がピッタリとおさまっているのだ。

東海林さだおさんが、他のいわゆるエッセイストとちがうところは、深い教養の下地があるからこそ、いつまでも文章が色あせることなく、世代をこえて読みつがれていくのである。

（イラストレーター　『タコの丸かじり』所収）

大盛り！　解説編②――高島俊男

はじめにあっさり白状いたしておきますが、わたくしニッポンのことはあまり知らない。

……と言うと、「じゃ世界のことはよく知っているのだな」と疝気筋にカングるむきがあるかもしれないが、左様なことは決してござらぬ。もっと知りまへん。

であるからして、現今のニッポンにどのようなマンガ家がいるのか、いっこう不案内である。まして世界のマンガ家――、これはどう考えても一人も知らん。

しかしながら、「東海林さだお」というマンガ家の名前だけは、何十年も前から知っておった。どういうキッカケで知ったのか、あんまり古いことなのでおぼえていない。ともかく、そのマンガを見て、もうゲラゲラ笑った。笑いながら、「いやこりゃホンモノだよ」と大声でひとりごとを申しました。

周知のごとく、――いや周知のはずはないからここであらためて自己紹介申しあげると、わたくしは、それはそれは不振の、六十年余の人生をすごしてきた者である。

当然のなりゆきとして、わたくしはつねにひがんでいる。しょげている。落ちこんでいる。

とことん落ちこんで、これはもうどうにもいけぬ、と自覚した時、わたくしはやおら押入れから東海林さだお『新漫画文学全集』を取り出して、読みはじめるのである。人により病気によって薬の処方がことなるごとく、東海林さだおの効能も症状によってそれぞれちがう。とことん落ちこんでどうにもいけぬ時は、『新漫画文学全集』にかぎるのである。

「桜の園」「父帰らず」「いなか教師」「嘔吐」……、そしてかの、稀世の傑作「鉄仮面」！

いかに気持が沈んでいようと、また何十ぺん目の読み返しであろうと、わたくしは腹をよじり、涙と鼻水とをいっしょに垂らして笑いころげる。笑うことによって救われる。ふたたび勇気が……、いや勇気なんぞははじめっから母親の腹に忘れてきているからふたたびもヘチマもないが、ともかくモヤモヤが晴れてスッキリする。もうしばらく、このニッポンの国の行末を見とどけてやるか、とでもいったような鷹揚な気分になる。

だからわたくしは、たびかさなる夜逃げの際も、東海林さだおだけは、携帯することを決して忘れないで来たのである。

驚くべきことに東海林さんは、マンガがうまいばかりでなく、また文章が抜群にうまい。二十世紀日本の文章の天才をたった一人あげろ、と言われたらわたくしは、「太宰治」と答えるに躊躇しない者であるが、それにつぐのはあるいは東海林さだおではないか、と思っているくらいである。

数年前のこと、『文學界』という雑誌が何を血迷ったか……、いや『文學界』ともあろうものが血迷うわけはない、単なる番号ちがいか何かであろうがわたくしのところへ電話をかけてきて、お前の最も尊重する作家とその作品について書けと言う。

まこと光栄のいたりであるが、最初に申した通りわたくしはニッポンのことを知らない。いまニッポンにどういう作家がいるのかいないのか西も東もわからぬ。

「あのお、マンガ家でもよろしいでしょうか」とおそるおそるおうかがいをたてたら、相手は一瞬たじろぎ、まちがい電話をかけてしまった失策を今さらのごとくくやむかと見えた、いやきこえたが、ええい毒を喰らわば皿まで、と観念した思い入れあって、「ええ、まあ、いいです」と答えた。

さあそこでこのわたくしが、不振の生涯でただ一度、天下の『文學界』に執筆できる機会と渾身の力をふりしぼって書いた「東海林さだお讃」の書き出しはこうであった。

現在の日本で、わたしが一番好きな文章家は東海林さだお氏である。——もちろん東海林氏の本業は漫画であるが、文章家としても一流、いや一流の上だとわたしは信ずる。

ここのところ、ちょっと言いわけじみてますね。しかし『文學界』の読者のなかには漫画家東海林さだおをまるっきり知らない人もあるかもしれないと思って、まずこう紹介したのである。

その東海林氏の文章のなかでも最もすぐれるのが食べものについての文章、特にわたしの好きなのが、『タコの丸かじり』にはじまって『キャベツの丸かじり』『トンカツの丸かじり』『ワニの丸かじり』『ナマズの丸かじり』『タクアンの丸かじり』……とつづく「丸かじりシリーズ」である。

そうなんです。東海林さんの文章数々あれど、トドメをさすのは食べものエッセイ、特にこの「丸かじり」において、東海林さんはその天稟の才を存分に発揮する鉱脈を掘りあてた、とわたくしは思うのである。

かつて芥川龍之介は「おふろに入るのはやさしいが、それを文章に書くのはむずかしい」と言った。同様に、ものを食べるのはやさしいがそれを書くのはむずかしい。いや、食べものは、おふろよりもっとむずかしい。

ところが東海林氏はそれを楽々とやってのける。……

以下、『キャベツの丸かじり』のなかの「タンメンの衰退」を引く。本書の読者であればきっと『キャベツの丸かじり』もお持ちであろう。ちょっと読み返してみてください。実にうまいから。タンメンの様態、そしてその魅力を、これほどみごとに文章にできる人が、日本に二人といようとは、わたくしは思わないのである。「タンメンの衰退」をたっぷりと引いて、わたくしはこう結んだ。

この調子で東海林さんは、鍋焼きうどん、ハヤシライス、幕の内、釜飯、アジの開き、カツ丼、焼き肉、おでん、……と向う所敵なし、どんな食べものでもやすやすと文章にしてしまう。文章の技のここに至り得るものか、とわたしは溜息をつくばかりである。

本書からは、「豚肉生姜焼きの一途」を観賞しましょう。

まずですね、皿の上で厚さ三ミリほどの三枚肉、または肩ロースの周辺が、熱で反りかえっているところに注目したい。

特に、周辺を囲むようについている脂身のところが、めくれるように立ちあがっていて、中には反りかえりすぎて肉全体がねじれてしまっているのもある。

このねじれ具合がいとしい。

甘からの醬油ダレがよくしみこんで、しっとりとした肌を見せている肉の部分と、やや透明感があって白くてツヤツヤ輝いている脂身。全体に点々とカスのようにへばりついているのは、すりおろした生姜だ。

ここまでが外見描写である。うまいでしょう？「めくれるように立ちあがってい て」なんてどうですか。「これ以上の表現があったら、さあここへ出してみろ！」とタンカを切りたいね。

さあ、これからいよいよ食うぞ。

こいつを、まず一口分食いちぎる。きちんと脂身の配分を考えて食いちぎる。

豚肉の厚みが歯に感じられ、次に弾力のある脂身がジワッとにじみ出て肉本体とからみあい、両者相俟《ま》って豚肉本来の味になったところへ、甘からの醬油ダレの味がわりこむ。

つくづく豚肉のおいしさとは脂身のおいしさなのだなあ、と痛感したところで熱いゴハンを一口。ゴハンは大量を口に押しこむ。

肉、脂、甘から醬油、熱いゴハン、そして、ああ、この、生姜の味が、何と有効に働いていることか。

生姜が、豚肉と豚の脂と出会って、そして醬油と出会って、ふだんの生姜とは別の生姜の味になっている。

アジの開きなどで食べるのとはまた違った、米の飯を食べる法悦のようなものさえ感じる。脂まみれのゴハンのおいしさである。そこに醬油が加わり、生姜が加わったおいしさである。

口のなかでおこっている現象、そこに発生するおいしさ、それを味わう人間の愉悦が、まさしく活写されているではありませんか。

こういう描写のうまさと、もう一つ、東海林さんの文章の魅力に、「ことばがキマっている」ということがある。

たとえば「待つか、待たせるか」にこうある。

店が込んでいて、相席になった場合がそうだ。

テーブルにすわって注文を済ませ、料理の到着を待っていると、おねえさんに引率された男がやってきて相席ということになる。

この「おねえさんに引率された」というところ。ここはぜひとも「引率」でなくてはならない。

あいたテーブルなら、「案内」でも何でもいいんですよ。しかしここは相席である。すでに一匹のサルがお山のてっぺんを占領してあたりをへイゲイしているところへ、二匹目のサルがおずおずとあがってゆくような場面である。サルも人間もそういう際の心理は同じことで、二匹目はどうしてもひけめがあるのである。それをおねえさんが、「しょうがないでしょ、こんでるんだから」という顔で「引率」してゆくのである。

もちろん、「引率」というのは元来、一群の幼稚園児を若い女の先生が（若くなくても同じだけど）引っぱってゆくようなのに用いる語である。それを、大の男がおねえさんにつれてゆかれるばあいに転用したところにおかしみがある。ここはもうぜったい、「引率」でキマリなのである。

なおわたくしここで、まことと僭越ながら、身の微賤をかえりみず、ごく些細なことを一つ申しのべたい。「店が込んでいて」のところである。ここは、どうしても漢字を使うのなら、「混んでいて」でありたい、「込んでいて」は感心しない、と不肖わたくし、ひそかに愚考するものであります。妄言多罪。

さてお話もとにもどってこの、ことばがピタリときまるのはどこから来ているのか。さきに、二十世紀ニッポンの文章の天才は太宰治であると言った。

東海林さんの腹のなかには、この太宰治がすっかり消化された状態でおさまっていて、それが、御当人も無意識のうちに、適材適所、臨機応変に出てくるのではないか。たとえば「合格弁当」にこうある。


特に一橋に関する解説は立派であった。

「ひとつ、バシッと決めるときにトンカツである」

どうです。

万人を、思わず深く首肯《しゆこう》させずにはおかない説得力があるではありませんか。

「深く首肯する」という本来かたい感じの表現を、諧謔的の文章のなかで用いて「ズレのおかしさ」を演出するのは、太宰治が編み出した技法だったのではないか、と思う。いったい太宰治はこの字が好きで、「うなづく」も「首肯く」と書きましたね。あるいは「雪の夜のモツ煮こみ」のおしまい。


こうなっては仕方がない。

とうとうモツ煮こみ制作にとりかかってしまった。

作って食べ始めてしまった。

食べ始める前に、雪の夜を記念して、おまじないにひとにぎりの雪を、鍋の中に投入した。
雪のかたまりは、ほんのちょっと毅然としたあと、たちまちモツの中に溶けこみ、ほんのちょっと、ツユの中に雪の味を残した。

ここは本書のなかでも圧巻であるが、圧巻たらしめているのは「毅然」という語である。「ほんのちょっと毅然としたあと」という行文である。意想外の語であるが、用いられてみると、まさに「これしかない」。コロンブスの卵とはこのことであって、こういうところに「毅然」を拉し来たることを思いつけるのは天才のみである。わたくしはもとより東海林さんの天賦の才をうたがわないが、先行する天才は誰ぞと考えてみるに、やはり太宰治以外思いあたる人がない。東海林さんは太宰の骨法を自家薬籠中のものとしている、とわたくしは観察するのである。

そしてついに！
天高く翔ける鳳凰東海林さだおさんに、地べたをはいずる泥だらけのミミズ不肖わたくしがお目にかかる日が来た。

物好きな本屋さんがあって、わたくしがあちこちに書きちらした駄文を集めて一冊にしてくれた。それがまた例の番号ちがいか何かで、ある賞を頂戴した。同時に同じ賞をもらったのが東海林さんで、作品は『ブタの丸かじり』であったのだ。

受賞式の時、はじめて現物の東海林さん、生きて動いてる東海林さんにお会いした。お話もさせていただいた。いやあ感激いたしました。親切なかたがあって、二人したしげに話をしている場面を写真にとって、あとで送ってくれた。

東海林さんは若々しい人であった。肌がつやつやしている。全身に生気がみなぎっている。駅の階段なんか、一ぺんに三段づつ、ポイポイポイとかけあがって息も乱れない、という感じである。

実を言うと、東海林さんとわたくしとは同じ年の生れなのである。ところが写真を見ると、まるで今年中にヨッコラショと棺桶に入る予定の爺さんが、この春大学院を出て一流企業の研究機関に入ったばかりの青年と話している、といった景色である。不振の人生を歩んできた男は、顔はシワシワその上シミまで浮いて哀れなものである。

え？　「ところでお前さん、あこがれの東海林さんと何を話したんだ」ですって？

さあそれがまったくおぼえていない。よっぽどアガっていたのですね。もう無我夢中だったんだ。しかし写真のようすから察するに、大したことは言っていない。「こんにちはけっこうなお天気でござります、へへへへ」なんぞと、無意味なことを言ってお追従笑いをしているのであろう。そういう卑屈な感じが顔つきにあらわれている。

「丸かじり」シリーズは、今も『週刊朝日』に連載中の「あれも食いたいこれも食いたい」を本にしたものである。連載は一九八七年の正月早々からはじまって今年ちょうど十年目、すでに四百五十回をこえて、着々五百回に近づきつつある。フーテンの寅さん「男はつらいよ」にも匹敵しようかという長期人気シリーズである。

三十五回分づつ、朝日新聞社から本になって出る。これまでに、『タコの丸かじり』(以下「丸かじり」省略)『キャベツ』『トンカツ』『ワニ』『ナマズ』『タクアン』『鯛ヤキ』『伊勢エビ』『駅弁』『ブタ』と十冊である。

朝日新聞社版が出て五年たつとこんどは文春文庫になる。こちらはこの『ナマズ』で五冊目である。つまり東海林さんは、雑誌連載、単行本、文春文庫、と同じネタで三度にわたってガボガボかせいで……、いやそういうことを言ってはいけませんね。どうも不振男はひがみっぽくて人のヒンシュクを買う。三度にわたって人々に、笑いと喜びと生きる勇気とをあたえていらっしゃるわけであります。

週刊朝日連載「あれも食いたいこれも食いたい」はいまや、寅さんと満天下の人気を二分して、さあどっちが長くつづくか、と全国民がカタズをのんで見守る形勢である。

寅さんのほうは、渥美清さんの外貌と健康と体力とにすべてがかかっている。

かたや東海林さんのほうは……、外貌はこの際あまり関係ない。健康と体力は、階段三段またぎポイポイポイだからまったく問題ない。

問題は週刊朝日がいつまで持つか……いやこれも、そんなこと言っちゃいけなかったね。朝日新聞と週刊朝日は永遠に不滅です。

するとあとは、ニッポンの食べものがあとどれくらい残ってるか、にかかっている。

いや実際、わたくしはいつも、もうこれでタネぎれだろう、どう考えてももう何も残ってない、と思うんですよね。

ところが東海林さんのメニューは、クウェートの石油みたいなもので、掘りさえすればなんぼでも、無限に出てくるものらしい。

これはどうしても千回までは行きますね。「丸かじり本」にして二十八冊と半。時代はすでに二十一世紀に入って八年くらいたっている。

そのころには科学技術の長足の進歩であの世とこの世との通信手段も開発されているであろうから、わたくしは、冥土国不振者収容施設から、お祝いの電報を打たせていただこうと、こう思っとります。


（中国文学者・エッセイスト、故人『ナマズの丸かじり』所収）

大盛り！　解説編③――小宮山雄飛

二十代の頃、よく世界中へ一人旅で行ってました。

まだスマホもなく、インターネットも今ほど整っていない時代、移動中に読むための本は旅の必需品でした。

僕は、どこへ旅する時も必ず二冊本を持っていくようにしていて、一冊は海外旅行でもないと今さら読まないであろう古典文学（なぜかヘミングウェイが多かった）。

そしてもう一冊必ず持っていってたのが、東海林さだおさんの丸かじりシリーズだったのです。

ある旅には
『老人と海』と『タコの丸かじり』

またある旅には
『武器よさらば』と『タクアンの丸かじり』

またある旅には
『日はまた昇る』と『ダンゴの丸かじり』

今思えば、思いっきりかたよったブックセレクトですが。

当時の僕にはヘミングウェイと丸かじりシリーズはもはや旅に出る際のセット。

なんなら旅が終わる頃にはその二冊の内容がごっちゃになって
『タコと海』

とか
『タクアンよさらば』

とか
『ダンゴはまた昇る』

などと認識していたかもしれません（してません）。

なぜ、旅に必ず丸かじりシリーズを持参していたのか？

一人旅は知らない土地での慣れない食べ物の連続です。

旅立って一週間もすれば自然と日本の食事のホームシックになります。

そんな時に丸かじりシリーズを読む。

（実際には食べれなくても）脳内に日本での日々のなんでもない食事の美味しさや楽しさがよみがえり、旅の寂しさが少し和らぐのです。

しかし、それだけならなにも丸かじりシリーズじゃなくても、他の食エッセイでもグルメ本でもよかったはず。

なぜ僕は数ある食関連の本の中から、東海林さだおさんの丸かじりシリーズに限って旅に持っていっていたのか?

その答えにある時、ふと気づきました。

それは
「旅人はみな誰しも、旅先で東海林さだおさんになる時がある」

ということです。

(唐突ですいません、ちゃんと説明いたします)

旅先でたった一人で知らないレストランに入る時、僕らはありったけの注意力や想像力を働かせます。

店内を見渡し、店の雰囲気を確認して
「大丈夫、ものすごい高級店とかじゃないな」

と安心したり。

他のお客さんが食べてるものをチラ見して
「どうやらあれが名物だな」

なんて推測したり。

読めないメニューに目を通し
「きっとこの辺りが肉料理だろう」

などとヤマをはったり。

そうして出てきた料理が思っていたものと全く違った時に
「どうやって食べりゃいいんだ？」
と途方に暮れたり。
しばし料理を眺めた後、意を決して
「エイヤ！」
とフォークを刺した時の感触が想像と違いビックリしたり。
そんな観光客丸出しの姿に気づかれぬように
「最初からこれが食べたかったんだかんね！　知ってたんだかんね！」
と無駄に納得した表情をしてみたり。
それでもどうにも味がしっくり来なくて
「あー、ここに醤油さえあれば……」
と慣れ親しんだ調味料の大切さに気づいたり。
そのうち食べるだけでは間が持たず（なにしろ一人旅は話し相手もいないので）、壁にかけられた主人の写真を見て
「親父もここまで繁盛するまでよくがんばったな〜」
なんて勝手に店の歴史を想像してみたり。
とにかく海外の見知らぬ店では、日本の店で食べる時とはまったく違う五感・イマジ

ネーションを駆使して食事にのぞまないといけない訳です。
　そんな旅先で必要な五感・注意力・好奇心を、旅に出ずとも常日頃働かせている人、それが東海林さだおさんじゃないかと思うのです。
　恥ずかしながら日常の食事において、我々はそこまで感覚を研ぎすませていません。例えばすき焼きを食べ終わったとき、普通は
「美味しかったー」
とか
「あー、お腹いっぱい」
で終わりです。
　多少食べ物に興味のある人でも
「見事な霜降りだったなあ」
とか
「もしや、A5ランクだったのかしらん」
といったところでしょう。
　どう想像力を膨らませても、東海林さんのように、食べ終わったすき焼きを見て
「アッ廃墟だ！」
とは思いつかないのです。

あるいはお餅を食べようと思ったときに。

醬油にしようか、きな粉にしようか、海苔はどうするかなんて悩む人はいても
「よし、網の上に五個乗せてみて、レビューを楽しもう！」

などと思う人はなかなかいないでしょう（しかも実際にそれをやってしまう人は皆無でしょう）。

僕らが、すっかり食べ慣れて何も思わなくなってる食べ物、豆腐やクッキーや角砂糖にまで、まるで海外から初めてやってきた外国人のように
「コレハイッタイ、ナントイウタベモノダロウ？」

「コレハ、ドウヤッテタベルノダロウ？」

と好奇心・探求心を剝き出しにしているのが、東海林さだおさんなんじゃないかと思うのです。

そんな東海林さんの本質を垣間見た気がしたのが、本書最後のエピソードである
「食べる前に見よ」

そうなんです、東海林さんはまず「見る」のです。

お店の雰囲気や店員の仕草、周りのお客さんから食材そのものまで。

よ〜く「見て」から食べているのです。

残念ながら東海林さんとお食事をご一緒したことはまだありませんが（ぜひ一度お願

いします！）、きっと美味しそうな生ビールが出てきても、飲みたい気持ちをグッと我慢して、しげしげと十五分くらいは「見て」るんじゃないかと思うのです。

（あるいは我先にゴックン！　とやってしまってるか……）

食べる前にまず見る。

そしてそこから、想像し妄想する。

そうすれば食べることはもっともっと楽しくなる。

そういうことを東海林さんは教えてくれてる気がするのです。

話は戻りますが、海外の一人旅では、その「見る」という行為を否が応でもしなくてはいけません。

メニューも見ないで「いつもの！」なんて言っても、当然通じません。

出てきた料理も、じっくり見なければどう食べていいのか、フォークなのかスプーンなのか、はたまた手づかみで行くのか、そもそもほんとに食えるのか、全く分かりません。

そうやって、食べ物をよく見て、あ〜だこ〜だ考えて、驚いたり失敗したり笑ったり怒ったりしてるうちに、ふと

「あれ、今ぼく東海林さだおさんになってる！」

と気づく時がある。

そうです。

「旅人はみな誰しも、旅先で東海林さだおさんになる時がある」

とは、そういうことなのです。

言い換えるなら
「東海林さだおさんは永遠の旅人である」

とも言えるでしょう。

見慣れた日常の風景や人々の行動を、まるで初めて訪れた国の、見知らぬ風習のように、新鮮な目で見ることのできる方なんだろうなと。

だから旅先で丸かじりシリーズを読むと、ちょっとだけでも自分が東海林さんの感覚に近いところで読めてる気がするのです。

余談ですが、実は僕は丸かじりシリーズに一度取り上げてもらったことがあります。

それは
『サンマの丸かじり』に収録されている「カレー稲荷現わる」の回。

当時コンビニで売り出されていたカレー稲荷についての回ですが、何を隠そう、あのカレー稲荷を考案・開発したのは、この僕なのです。

光栄にも題材として取り上げられたカレー稲荷の開発者である僕が、その回の東海林さんの考察を読んで、思わずびっくりしました。

なぜなら僕がカレー稲荷の開発時に思っていたことが、全て的確に指摘されていたのです！

曰く

「（カレーと稲荷の）両方の顔を立てるために、相当苦心をした跡が見られる」

「稲荷の本尊である酢飯は残し、純血を守った」

「代わりに油揚げに泣いてもらい、カレー味にした」

「さらにカレーの顔を立てるために、福神漬を刻んで入れた」

など、どれも面白おかしく表現されてますが、開発時に僕が実際思っていたことを、見事に言い当てられていたのです（完全に見抜かれてました！）。

旅人のような新鮮な感覚で日々の「食」に接しつつ、その面白すぎる文章の奥では、物事の本質を的確に突いてくる。

唯一無二の存在・東海林さだおさんには、これからも日本中、いや世界中を丸かじりし続けていただきたいです！

（ミュージシャン　『メンチカツの丸かじり』所収）

大盛り！　解説編④――平野レミ

朝、毎日新聞を開く。「アサッテ君」を見る。笑う。その日一日楽しくなる。「週刊文春」を開く。「タンマ君」を見る。一週間が楽しくなる。

東海林さんは、そんなふうに私を幸せにしてくれる、スゴイ漫画家だ。

そのうえ文章もスゴイ。三行に一回くらい笑える。「週刊朝日」の「あれも食いたいこれも食いたい」を読めば、そのことがわかる。「週刊朝日」を買いそこなっても、いずれ単行本の「丸かじり」シリーズになるから平気。それを逃しても、このように文庫になる。

超一流の漫画家で、超おもしろい文章家で、本もたくさん出している東海林さんがビンボーな筈はないが、セレブ、という感じもしない。海外旅行を鼻にかけるザーマスおばさんを横目で見ているフツーのお母さんの気持ちがわかる人だ。

サラリーマンの経験はないでしょうと思うのだが、上司に叱られたり、イケメンの新入社員にシットするしがない会社員の立場になれる人でもある。不思議だ。

だけど、想像力のある人にとって、そのくらいのことは当然なのかもしれない。だけどだけど、もっとスゴイのは、東海林さんはドラ焼きやくず餅の気持ちもわかることだ。

キュウリやポテトサラダの立場にも立てることだ。

そんなことができるのは東海林さんしかいない。

話はコロッと変わるけど、この本は「猫めしの丸かじり」だから、私の猫めし体験を書きます。

子供の頃から家にはいつも猫がいたので、猫めしはおなじみだ。最近はキャットフードがあるから、ついそっちに片寄ってしまうが、時々は猫めしをあげる。それは私が食べたくなるから。二人分作っていっしょに食べる。わが家のいちばん新しい猫はシジミという名前で、子猫のとき、ちっちゃくて貝のシジミの柄とおんなじだったのでその名がついた。この子が死んで今は猫がいない。寒い日など抱っこして寝たくなるので、次の猫を、と思うのだけど、ベッドに置いた丸まったパジャマがシジミに見えることもある。まだシジミがいるような気がして、次になかなか移れない。

シジミともよくいっしょに猫めしを食べた。シジミも私もオカカが大好きだ。なにしろ私は自慢じゃないけど日本鰹節協会というところから表彰されたくらい。

猫めしのオカカはシジミの方にたくさんのっけてあげた。おいしいとき、東海林さんちのはウンニャゴ、ウンニャゴと言うそうだが、シジミはフン、フン、と鼻を鳴らす。その鼻息でオカカが大量にふっ飛んでしまう。

シジミは機嫌のいいときも悪いときも、このフンフンをやった。猫の鼻は湿っているときと乾いているときがある。私はそれを確かめたくて、シジミを抱くと必ず鼻をさわっていた。シジミは鼻をさわられるのが大嫌いで、そのたびに私を睨んでフン、フンと言っていた。

朝、起きて台所に行くと、床いっぱいにオカカが巻き散らされていることがよくあった。それはしまい忘れていた鰹節パックを夜のうちにシジミが見つけて包装を噛み破って食べたあとなのだ。シジミのフンフンでオカカが台所じゅうに飛び散るのである。

猫めしには焼きのりをのっけると味が一段と冴える。シジミもその方が好きだった。シジミは焼きのりも大好きで、私たちが朝ごはんに焼きのりを食べていると、自分はキャットフードを食べていても、それをほうり出して食卓にやってきて、くれくれと手を出したものだ。あげるとパリパリとおいしそうに食べる。

うっかりシケさせてしまった焼きのりは、おいしくないのでシジミに回そうとしたが、シジミもシケた焼きのりは見向きもしない。パリパリでないとだめだった。

「丸かじり」シリーズを読んでいると、どれもおいしそうで、ふだんあまり食べない干し芋まで食べたくなってしまうのだが、私も料理愛好家（料理研究家というのはおこがましいので、自分でこの肩書きをつけた）として、「丸かじり」をヒントに私のレシピを少しだけ記します。

タコぺぺスパ

1. スパゲッティをゆでる。
2. フライパンに赤唐辛子とつぶしたにんにくとオリーブ油を入れ、弱火にかけて、香りが立ってきたら半分に切ったミニトマトを適当に入れて炒める。
3. 2に一口大に切ったゆでタコを加えて醤油と酒で調味する。
4. スパゲッティを器に盛り、3をのっけて、好みで万能ねぎ（小口切り）を散らす。

これもタコが主役の出世コース。ぺぺと言うのは辛味のペペロンチーノから。スパゲッティの代わりにご飯にのっければタコぺぺ丼になるし、パン（ガーリックトースト）にのっければタコぺぺパン（気どって言えばブルスケッタ）になる。

キュウリと鶏肉炒め

1. キュウリを縦半分に切り、スプーンで種のところをくり抜き（水気を取り、炒めてもシャキシャキ感を保つため）、斜め切りにする。
2. お湯で戻した干しエビをみじん切りにする。戻し汁はとっておく。
3. 2センチ角に切った鶏モモ肉に塩、胡椒、酒、片栗粉をまぶして下味をつける。
4. フライパンに胡麻油を熱し、鶏肉を炒め、干しエビの戻し汁を加えてフタをし、蒸し焼きにする。

5. 鶏肉に火がとおったら、にんにく、干しエビ、キュウリを加えて炒め、塩、胡椒で調味。

6. 器に盛り、砕いたピーナッツを散らし、粗びき黒胡椒をふる。

「実力はないが居てもらわなくては困る」という地味なキュウリさんが、ここでは鶏と並んで主役です。次はそのキュウリさんとタコさんの共演。

中華風ピリッとキュウリ&タコ

1. キュウリを乱切りにして、塩をふってしんなりしたら洗って水気を切る。
2. ゆでタコをぶつ切りにする。
3. 胡麻油と豆板醬（少々）、にんにくと生姜のみじん切りを加えてよくまぜる。
4. タコとキュウリを器に盛って、3のたれであえる。

東海林さんの表現を借りて、タコのウンニャラコリコリにキュウリのシャキシャキが加わるので、ウンコリシャキになって、おいしいです。

（料理愛好家　『猫めしの丸かじり』所収）

大盛り！　解説編⑤——米原万里

モスクワに赴任中の大学の後輩S君は、ジャーナリストとしてはアグレッシヴで文章もカミソリのように切れ味鋭いけれど、ふだんは、人当たりの良い優しい好青年だ。そのS君からある日、電話がかかってきた。それが、受話器を取るなり、穏やかじゃない。人違いかと思ったほどだ。

「ちょっと困るんだよね。いや、かなりかなり困ってるんだ」

ひょっとして冗談か。いや、それにしては、声にトゲがある。

「ちょちょっと、何のことよ」

とあわてながら、一カ月ほど前、モスクワを訪れた際、心ならずも何か恨みを買うことをしでかしたかなと必死でふり返る。好物のきんつばと乾燥おからを持っていって手渡したときは、あんなに嬉しそうにしていたというのに、何なんだ。

「米原さん、わたしたちに何か、恨みでもあるんですか？」

S君の連れ合いM子さんの声が、割って入る。気だての良いM子さんが、こんな物言いをしたのは、初めてではないだろうか。

「メメメメメメッソーもない」

と否定するのがやっとである。

「そーですか、そーですか。米原さんが、これほど思いやりのない人だとは思いませんでした。肝に銘じました」

ああ、気がつかずに何かとんでもないことを口走って二人を傷つけてしまったのかなあ。わたしも「舌禍美人」とあだ名される身だから、自信がない。身から出たサビをあちこちにとりこぼしているはずだ。

ああ、しかし、こうなると、モスクワへ行くたびにM子さんの美味しい手料理をご馳走になるという楽しみも無くなるのか。いや、それは何としても避けなくては。二の句が継げられずにいるところへ、またS君の憎々しげな声が聞こえてきた。

「いや、思いやりがないなんてもんじゃないでしょ」

「そうだわね、そんな言い方は、ソフトすぎたわね」

「そうなんだ。あきらかに悪意があるんだよ。サディズムなんだ。残酷すぎるんだ」

「そうよ、そうよ。あれからどんなにわたしたちが苦しんでいることか」

勝手に二人でわたしへのあてつけ漫才をはじめた。さっぱり見当がつかないものだから、黙って聞いているうちにこちらもだんだんイライラがつのる。

「ちょっと、待ってよ！　何のことよ！　話がぜんぜん見えないじゃないの！」

「またまた先輩、しらばっくれちゃって、いやだなあ」

「だから、何だっていうのー？」

「えっ、本当に分かってないんですか⁉」

「だから、早く言いなさい‼」

「あの本ですよ」

「どの本？」

と言いつつ、旅の途中で読み終えた本は、現地に長期滞在中の日本人に全部恵んでくる（彼らは例外なく日本語の活字に飢えており、非常に感謝してくれる。しかも、本は現地在留邦人のあいだで回し読みされ、話題になり、とにかく本としてこの世に生まれ出てきて、この上なく幸せな生涯を送ることになるので、お薦めなのだ）という資源の有効利用を兼ねた慈善事業を実践しているわたしとしては、必死になってS君に手渡した本が何だったか思い出そうとする。

「まだ分からないんですか？　先輩も老化が進んでますます鈍くなりましたね」

本を恵んだ相手になんでこんな嫌味を言われなきゃならんのだ！　と理不尽な仕打ちに耐えながらも一生懸命思い出そうとするが、やはり見当がつかない。

「参りましたよ、あのタクアンには。ああいう本を置いてくときは、ちゃんとタクアンとサツマ揚げぐらい一緒につけてくれないと困ります‼」

これでようやくわたしも話の全貌がつかめてきた。『タクアンの丸かじり』だ。あれを置いてきたのがいけなかったのだ。いやあ申し訳なかった、と心の底から反省しかけたところ、相手はまだ文句たれてる。

「たとえですよ、たとえタクアンとサツマ揚げが付いていたとしても、それでも、うまい鰻重や理想的なラーメン屋の話、このモスクワで読まされるのは、あまりにもあまりにも酷です」

「読まなければいいじゃない」

とつい口が滑ってしまった。

「なに言ってるんですか、先輩！　読まないで済めば、こんなに苦しむはずないじゃないすか!!」

というわけで、教訓その一。丸かじりシリーズの本は、間違っても、長期間外地に在留する邦人に手渡してはいけない。ただし、この教訓のバリエーションとして、虐めたいヤツ、復讐したいヤツが長期外地に滞在している場合は、極めて有効な方法となる。

なお、ここで話題になった『タクアンの丸かじり』は、モスクワへ向かう機中で読んでいたのだが、わたしがあまりにもしばしば客席でのたうち回って笑い転げるものだから、隣席のロシア人のおっさんの好奇心がどんどん膨脹していくらしくて、少しずつこちらに身を乗り出してくるのがわかる。おっさんついに堪えきれずに切り出した。

「何だ何だ、何が書いてあるんだ？」

この可笑しさを何とか伝えてあげよう、これこそ草の根文化交流である、そういう崇高な心意気に突き動かされて、というよりも、少なく見積って、わたしの二倍はある体積がのしかかってくる圧迫感から早く解放されたくて、わがロシア語力を総動員したのだが、ハッキリ言って放射線医学や遺伝子工学に関する会議の通訳の時より苦労したのだった。

なのに、お新香、タクアン、サツマ揚げ、うな丼なんていう何の変哲もない単語のところで突っかかり、言葉と時間をむやみに費やしたのだが、結局相手にはまったく伝わらず、疲労と虚しさだけが残った。言葉の壁の前に立ちはだかる文化の壁の途轍もない高さと分厚さに打ちのめされたのだった。

というわけで、教訓その二。丸かじりシリーズを外国語へ翻訳しようなどという大それた野心を抱いてはいけない。

言い換えれば、このシリーズを楽しむには、極めて厳格な資格というか、素質というようなものが必須条件となっているのだ。

まず、日本語が理解できること。さらには、現代日本のごくふつうの食生活を体験していること。この、ごくふつうと言うところが、外国人には、結構むずかしい。

しかし、逆に、このシリーズを楽しめるほどの人は、出身がどこの国の人であれ、もう立派な日本人なんじゃないか、という気がしてきた。これを読んで、望郷の念にかられる日本人と同様、今にも日本に飛んでいきたいと思う外国人もまた、日本に対するその情熱（愛と言い換えてもよい）にかわりはないのではないか。

ピョートル・ワイリとアレキサンドル・ゲニスは、その著『亡命ロシア料理』（沼野充義他訳・未知谷）の中で、人が故郷に惹かれる理由、人が故国を離れても、いつまでも故国に結び付けられている理由をいみじくも次のように明かしている。

「人間を故郷と結び付ける糸には、じつに様々なものがなり得る。偉大な文化、強大な国民、誉れ高い歴史。しかし、故郷から伸びているいちばん丈夫な糸は、魂につながっている。いや、つまり、胃につながっているということだ。

これはもう、糸などというものではなく、綱であり、頑丈なロープである」

アメリカ合衆国に暮らす亡命者の二人が、どれほどに望郷の念に苦しみ悶えたか、ひしひしと伝わってくる文章だ。

というわけで、教訓その三。丸かじりシリーズが楽しめるほど理解できて、S君やM子さんみたいに、ここで描写された食べ物が無性に食べたくなるような人。居ても立ってもいられなくなるような人。そういう人は、わたしが勝手に太鼓判を押しましょう、立派な愛国者です。

たとえ、祭日に日章旗を掲揚していなくたって、君が代の歌詞を知らなくたって、もう間違いなく、正真正銘の日本人です。あるいは、本物の親日家です。

第三の教訓の応用として、自分の国を思う心に自信がなかったら、このシリーズを読んでみることです。たとえば、本書に収められた「回転鍋出現す」を読んで、この店に是非とも行ってみたいと思ったとしたら、自分の愛国心と日本人度に十分に自信を持っていいんじゃないでしょうか。

さて、このシリーズも、文庫化はすでに十三冊目とか。『週刊朝日』の連載は、ますます好調に続いている。

これだけ続くと、今までわたしが述べてきたこと以外に、新たな価値が付け加わってしまった。

それは、著者や編集者が意識しているか、いないかは別にして、歴史資料的な価値を帯びつつあるということである。

二〇世紀後半から二一世紀前半にかけて、主に日本列島に棲息した人々が日常的に食していた食材とその料理法およびその食べ方、さらにはその周辺事情に関する、もう驚くべき詳細な記録になっているということである。

こうなったら、東海林さんには、死ぬまでこのシリーズを続けてもらうしかないのではないか。

百年後、二百年後の人々が（あえて日本人と言わないのは、温室効果で日本列島は海底に沈み、今の日本人の子孫がどれだけ残るのか、また、コンビニ食の急速な普及により、今の食生活がどれだけ継承されていることか、皆目予想がつかないので）、このシリーズをどのように解読するか、ちょっと知りたい気もする。

（ロシア語同時通訳・エッセイスト、故人　『ダンゴの丸かじり』所収）

文春文庫

大《おお》盛《も》り！ さだおの丸《まる》かじり
とりあえず麺《めん》で

定価はカバーに表示してあります

2024年2月10日　第1刷

著　者　東海林《しょうじ》さだお
発行者　大沼貴之
発行所　株式会社 文藝春秋

東京都千代田区紀尾井町3-23　〒102-8008
TEL 03・3265・1211㈹
文藝春秋ホームページ　http://www.bunshun.co.jp
落丁、乱丁本は、お手数ですが小社製作部宛お送り下さい。送料小社負担でお取替致します。

印刷製本・TOPPAN

Printed in Japan
ISBN978-4-16-792176-7